Álvaro Zimmermann Aranha

Manoel Benedito Rodrigues

Números Complexos

Caderno de Atividades

Editora
Policarpo

Coleção Vestibulares

Matemática nos Vestibulares – vol. 2 , 3, 4 e 5
História nos Vestibulares – vol. 2, 3 e 4
Geografia nos Vestibulares – vol. 1

Coleção Exercícios de Matemática

Volume 1: Revisão de 1° Grau
Volume 2: Funções e Logaritmos
Volume 3: Progressões Aritméticas e Geométricas
Volume 4: Análise Combinatória e Probabilidades
Volume 5: Matrizes, Determinantes e Sistemas Lineares
Volume 6: Geometria Plana

Caderno de Atividades

Números Complexos
Polinômios e Equações Algébricas
Trigonometria – vol. 1 e 2
Geometria Espacial – vol. 1, 2 e 3
Geometria Analítica – vol. 1 e 2
Matemática – 6° ano – vol. 1 e 2
Matemática – 7° ano – vol. 1 e 2
Álgebra – 8° ano – vol. 1 e 2
Álgebra – 9° ano – vol. 1 e 2
Geometria Plana – 8° ano
Geometria Plana – 9° ano
Desenho Geométrico – 8° ano
Desenho Geométrico – 9° ano

Dados Internacionais de Catalogação, na Publicação (CIP)
(Câmara Brasileira do Livro, SP, Brasil)

Aranha, Álvaro Zimmermann
Números complexos: caderno de atividades/
Álvaro Zimmermann Aranha, Manoel Benedito
Rodrigues. -- 4. ed. -- São Paulo: Editora Policarpo, 2012

Bibliografia
ISBN: 978-85-87592-14-9

1. Matemática 2. Números Complexos (Ensino médio) -
Problemas, exercícios etc.
I. Rodrigues, Manoel Benedito II.Título.

11- 11898 CDD-510.7

Índices para catálogo sistemático:

1. Matemática: Estudo e ensino 510.7

EDITORA POLICARPO LTDA
Rua Dr. Rafael de Barros, 175 - Ap. 01- São Paulo - SP - CEP: 04003-041
Tel./Fax: (011) 3288-0895
Tel.: (011) 3284-8916

Índice

Resp: 193 b 194 d

Número complexo na forma algébrica

Definição:

Número complexo na forma algébrica é todo número da forma

$$z = a + bi$$

onde $\mathbf{a} \in \mathbf{R}$, $\mathbf{b} \in \mathbf{R}$ e $\mathbf{i}$ é a unidade imaginária.

Nomenclatura:

$\mathbf{z = a + bi}$ é um número complexo escrito na forma algébrica.

$\mathbf{a} = \mathbf{Re(z)}$ = parte real de z.

$\mathbf{b} = \mathbf{Im(z)}$ = coeficiente da parte imaginária de z.

$\mathbf{bi}$ = parte imaginária de z.

$\mathbf{i}$ = unidade imaginária.

Classificação:

(a) $\mathbf{Im(z) \neq 0}$: número complexo não real ou número imaginário.

Exemplos: $z = 2 - 3i$ ou $z = 2i = 0 + 2i$.

(b) $\mathbf{Im(z) \neq 0}$ e $\mathbf{Re(z) = 0}$: número imaginário puro.

Exemplo: $z = 5i = 0 + 5i$.
Observação: este é um caso particular dos números imaginários.

(c) $\mathbf{Im(z) = 0}$: número real.

Exemplos: $z = 4 = 4 + 0i$ ou $z = 0 = 0 + 0i$.

Propriedade fundamental dos números complexos

$$\mathbf{i^2 = -1}$$

193 (ITA - 97) Considere, no plano complexo, um hexágono regular centrado em $z_0 = i$. Represente por $z_1, z_2, ..., z_6$ seus vértices, quando percorridos no sentido anti-horário. Se $\mathbf{z_1 = 1}$ então $\mathbf{2z_3}$ é igual a

a) $2 + 4i$ b) $(\sqrt{3} - 1) + (\sqrt{3} + 3)i$ c) $\sqrt{6} + (\sqrt{2} + 2)i$

d) $(2\sqrt{3} - 1) + (2\sqrt{3} + 3)i$ e) $\sqrt{2} + (\sqrt{6} + 2)i$

194 (ITA - 97) Seja S o conjunto dos números complexos que satisfazem, simultaneamente, às equações: $|z - 3i| = 3$ e $|z + i| = |z - 2 - i|$.
O produto de todos os elementos de S é igual a

a) $-2 + i\sqrt{3}$ b) $2\sqrt{2} + 3i\sqrt{3}$ c) $3\sqrt{3} - 2i\sqrt{3}$ d) $-3 + 3i$ e) $-2 + 2i$

Resp: **191** a) $z_1 = \sqrt{3} + i$, $z_2 = \sqrt{3} + i$, $z_3 = -2i$ b) $\ell = 2\sqrt{3}$ **192** a

Exercícios:

1 Classifique os números complexos seguintes de acordo com a nomenclatura:

R: número real
I P: número imaginário puro.
C: número imaginário que não é imaginário puro.

a) $z = 5 + i$

b) $z = 2i$

c) $z = \frac{1}{2}i$

d) $z = i - 2$

e) $z = \sqrt{2}$

f) $z = 1 + i$

g) $z = -5 + 0i$

h) $z = \pi i$

i) $z = 2{,}3 + \frac{1}{5}i$

j) $z = -\sqrt{3}i$

k) $z = 0$

l) $z = -i$

2 Os números complexos podem ser escritos na forma de pares ordenados de números reais como a seguir:

$$\mathbf{z = a + bi = (a, b) \qquad (a, b \in R)}$$

Passe para a forma de pares ordenados os seguintes números complexos escritos na forma algébrica:

a) $z = 2 + 3i = (2, 3)$

b) $z = 1 + i$

c) $z = 2i =$

d) $z = 4 =$

e) $z = i - 6$

f) $z = \sqrt{2}\ i$

g) $z = 0 =$

h) $z = -\frac{1}{2}$

i) $z = -i - 2$

j) $z = -\pi i =$

3 Passe para a forma algébrica os seguintes números complexos:

a) $z = (2, -1) = 2 - i$

b) $z = (0, 3) =$

c) $z = (1, 0) =$

d) $z = (1, -1) =$

e) $z = (\sqrt{2}, \sqrt{2}) =$

f) $z = (0, e) =$

g) $z = (0, 0) =$

h) $z = \left(-\frac{1}{3}, 0\right) =$

191 (UNICAMP - 97) Um triângulo eqüilátero, inscrito em uma circunferência de centro na origem, tem como um de seus vértices o ponto do plano associado ao número complexo $\sqrt{3} + i$.
a) Que números complexos estão associados aos outros dois vértices do mesmo triângulo? Faça a figura desse triângulo.
b) Qual a medida do lado desse triângulo?

192 (ITA - 97) Considere os números complexos $z = \sqrt{2} + i\sqrt{2}$ e $w = 1 + i\sqrt{3}$. Se

$$m = \left| \frac{w^6 + 3z^4 + 4i}{z^2 + w^3 + 6 - 2i} \right|^2$$ então **m** vale:

a) 34 b) 26 c) 16 d) 4 e) 1

Resp: **189** a **190** c

4 Lembrando que $\mathbf{i^0 = 1}$, $\mathbf{i^1 = i}$, $\mathbf{i^2 = -1}$ e observando a resolução do item (a), calcule as seguintes potências naturais de i (**i** é a unidade imaginária):

a) $\mathbf{i^3 = i^2 . i^1 = (-1) . i = -i}$

b) $i^4 = i^2 . i^2 =$

c) $i^5 =$

d) $i^6 =$

e) $i^7 =$

f) $i^8 = (i^4)^2 =$

g) $i^9 =$

h) $i^{12} = (i^4)^3 =$

i) $i^{20} = (i^4)^5 =$

j) $i^{36} = (i^4)^9 =$

5 Transcreva aqui os resultados do exercício **4**.

$\mathbf{i^0 =}$	$\mathbf{i^4 =}$	$\mathbf{i^8 =}$
$i^1 =$	$i^5 =$	$i^9 =$
$i^2 =$	$i^6 =$	$i^{10} =$
$i^3 =$	$i^7 =$	$i^{11} =$

Observando as regularidades dos resultados acima, calcule:

a) $i^{49} =$

b) $i^{275} =$

c) $i^{1334} =$

d) $i^{556} =$

e) $i^{123427} =$

f) $i^{4365} =$

Resp: **1** a) C b) IP c) IP d) C e) R f) C g) R h) IP i) C j) IP k) R l) IP

2 a) (2, 3) b) (1, 1) c) (0, 2) d) (4, 0) e) (– 6, 1) f) $(0, \sqrt{2})$ g) (0, 0) h) $\left(-\frac{1}{2}, 0\right)$ i) (–2, –1) j) $(0, -\pi)$

3 a) 2 – i b) 3i c) 1 d) 1 – i e) $\sqrt{2} + \sqrt{2}i$ f) e i g) 0 h) $-\frac{1}{3}$

189 (FGV - Julho/95) Seja o número complexo $\mathbf{z = (x - 2i)^2}$, no qual x é um número real. Se o argumento principal de **z é 90º**, então $\frac{\mathbf{1}}{\mathbf{z}}$ é igual a

a) $-\frac{i}{8}$ b) $-8i$ c) $4i$ d) $-1 + 4i$ e) $4 - i$

190 (FUVEST - 97) Sendo i a unidade imaginária ($i^2 = -1$) pergunta-se: quantos números reais **a** existem para os quais $\mathbf{(a + i)^4}$ é um número real?

a) 1 b) 2 c) 3 d) 4 e) infinitos

Resp: 187 c 188 b

6 Lembrando as propriedades das potências

$$a^{m+n} = a^m . a^n \quad e \quad a^{mn} = (a^m)^n = (a^n)^m$$

e que $i^4 = 1$, calcule $(k \in N)$:

a) $i^{4k} = (i^4)^k =$ (4k = múltiplo de 4)

b) $i^{4k+1} = i^{4k} . i^1 =$

c) $i^{4k+2} =$

d) $i^{4k+3} =$

O número complexo $z = a + bi$ $(a, b \in R)$ pode ser escrito na forma de par ordenado e também pode ser representado como um ponto do plano cartesiano. Observe:

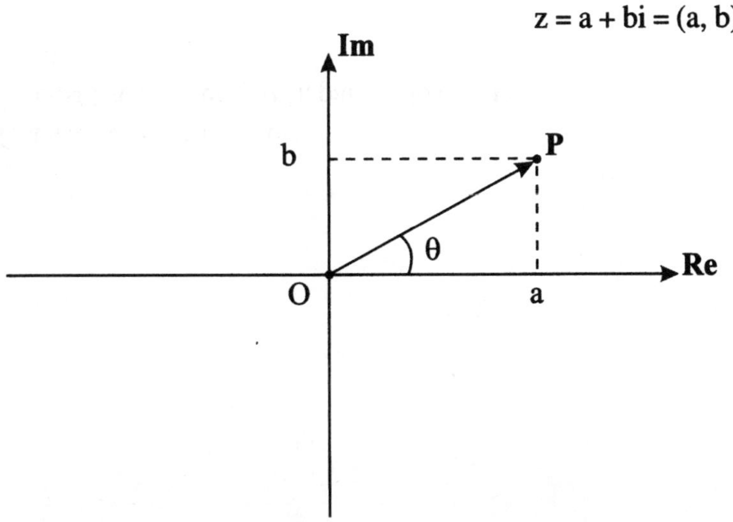

$z = a + bi = (a, b) = P =$ afixo de z

$\overrightarrow{OP}$ = segmento orientado

θ = argumento de z

$|z| = d_{OP} = \sqrt{a^2 + b^2}$
(módulo de z)

Observações:

a) Aqui o sistema cartesiano se chama **plano de Argand - Gauss.**

b) O ponto P se chama afixo de z.

c) O ângulo θ que o segmento orientado $\overrightarrow{OP}$ forma como eixo horizontal se chama **argumento de z.**

d) O eixo das abscissas (eixo horizontal) se chama eixo real.

e) O eixo das ordenadas (eixo vertical) se chama eixo imaginário.

Resp: 4
a) $-i$ f) 1
b) 1 g) i
c) i h) 1
d) -1 i) 1
e) $-i$ j) 1

5
a) i d) 1
b) $-i$ e) $-i$
c) -1 f) i

187 (ITA - 94) Sejam x e y números reais, com $x \neq 0$, satisfazendo $(x + iy)^2 = (x + y)\,i$. Então:
a) x e y são números irracionais.
b) $x > 0$ e $y < 0$
c) x é uma raiz da equação $x^3 + 3x^2 + 2x - 6 = 0$
d) $x < 0$ e $y = x$
e) $x^2 + xy + y2 = 1/2$

188 (ITA - 94) Considere as afirmações:
1. $(\cos\theta + i\,\text{sen}\theta)^{10} = \cos(10\theta) + i\,\text{sen}\,(10\theta)$, para todo $\theta \in \mathbf{R}$.
2. $(5\,i) / (2 + i) = 1 + 2i$
3. $(1 - i)^4 = -4$
4. Se $z^2 = (\bar{z})^2$ então z é real ou imaginário puro.
5. O polinômio $x^4 + x^3 - x - 1$ possui apenas raízes reais.

Podemos concluir que:
a) Todas são verdadeiras.
b) Apenas quatro são verdadeiras.
c) Apenas três são verdadeiras.
d) Apenas duas são verdadeiras.
e) Apenas uma é verdadeira.

Resp: 185 b   186 c

7 Após o que foi dito na página anterior, represente no plano de Gauss abaixo os **afixos** e os **segmentos orientados** correspondentes aos números complexos seguintes:

a) $z = 1 + i = (1, 1) = A$

b) $z = -2 = (-2, 0) = B$

c) $z = 3i$

d) $z = -1 + 2i$

e) $z = 3 - i$

f) $z = -i$

g) $z = 3$

h) $z = -3 - 2i$

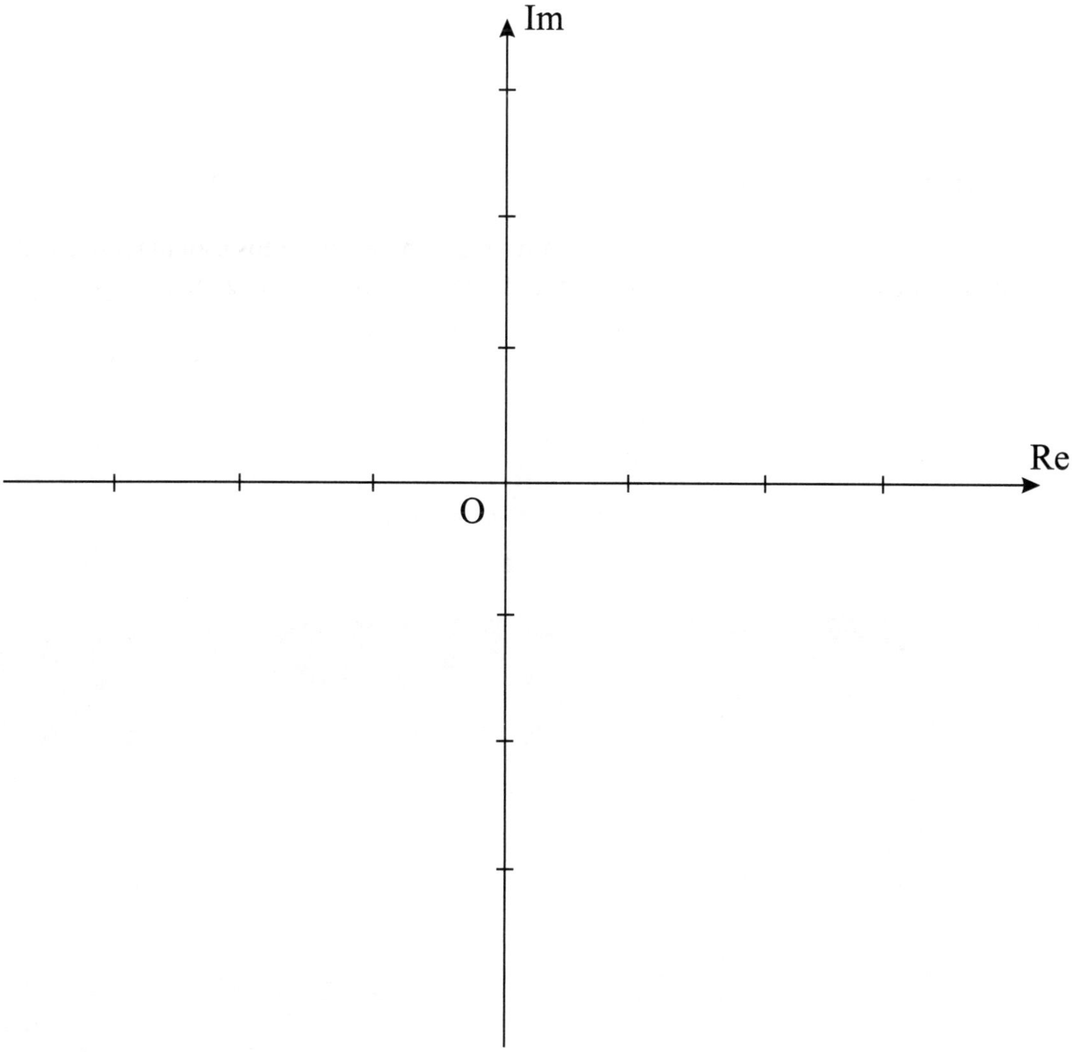

Resp: **6** a) 1 b) i c) − 1 d) − i

185 (ITA - 95) Seja z um número complexo satisfazendo $Re(z) > 0$ e $(z + i)^2 (\bar{z} + i)^2 = 6$.
Se n é o menor natural para o qual z^n é um imaginário puro, então n é igual a

a) 1 b) 2 c) 3 d) 4 e) 5

186 (ITA - 95) Sejam z_1 e z_2 números complexos com $|z_1| = |z_2| = 4$. Se 1 é uma raiz da equação $z_1 z^6 + z_2 z^3 - 8 = 0$ então a soma das raízes reais é igual a

a) -1 b) $-1 + 2^{1/2}$ c) $1 - 2^{1/3}$ d) $1 + 3^{1/2}$ e) $-1 + 3^{1/2}$

Resp: 183 Demonstração 184 a

8 Observando os segmentos orientados dos pontos **B**, **C**, **F** e **G** do exercício anterior diga que tipo de número (real positivo, real negativo, imaginário puro positivo, imaginário puro negativo) corresponde aos segmentos orientados:

a) vertical para baixo $\longrightarrow$

b) horizontal para a direita $\longrightarrow$

c) horizontal para a esquerda $\longrightarrow$

d) vertical para cima $\longrightarrow$

9 Fatore (transforme em produto) as seguintes expressões na variável $\mathbf{m} \in \mathbf{R}$:

a) $m^2 - 1 =$

b) $m^2 + m - 2 =$

10 Determine os valores do parâmetro $\mathbf{m} \in \mathbf{R}$ de modo que o número complexo

$$z = \underbrace{(m^2 + m - 2)}_{\text{Re}(z)} + \underbrace{(m^2 - 1)}_{\text{Im}(z)}i$$

seja imaginário puro.

Sugestão: utilize os resultados do **exercício 9**.

Resp: **7** a) (1,1) b) (−2, 0) c) (0, 3) d) (−1, 2) e) (3, −1) f) (0, −1) g) (3, 0) h) (−3, −2)

183 (VUNESP - 94) Considere um polinômio da forma $f(x) = x^3 + (\cos\theta)\,x$. Sendo $i = \sqrt{-1}$ a unidade imaginária, demonstre que **f(i) = 0** se, e somente se, $\theta = 2k\pi \; (k \in Z)$.

184 (ITA - 96) O valor da potência $\left(\frac{\sqrt{2}}{1+i}\right)^{93}$ é:

a) $\frac{-1+i}{\sqrt{2}}$ b) $\frac{1+i}{\sqrt{2}}$ c) $\frac{-1-i}{\sqrt{2}}$ d) $(\sqrt{2})^{93}\,i$ e) $(\sqrt{2})^{93} + i$

Resp: 181 Demonstração 182 $b = \frac{1-i\sqrt{8}}{3}$

11 Determine **m** $\in$ **R** de modo que o número complexo $z = (m^2 - 4m + 4) + (m^2 - 5m + 6)\ i$ seja real.

12 Efetue e simplifique:

Lembre-se

$i^2 = -1$

$i^3 = -i$

$i^4 = 1$

a) $(2 - 3i) + (1 + 2i) =$

b) $(2 + 2i) - (3 - 4i) =$

c) $(2 + 3i)\ (4 + 2i) =$

d) $(-2 + i)\ (i - 5) =$

e) $(1 + i)^3 =$

$$(a \pm b)^3 = a^3 \pm 3a^2b + 3ab^2 \pm b^3$$

f) $(1 - i)^3 =$

g) $\left(\frac{\sqrt{3}}{2} - \frac{1}{2}i\right)^3 =$

Resp: 8 a) im. puro negativo b) real positivo c) real negativo d) im. puro positivo

9 a) $(m + 1)(m - 1)$ b) $(m + 2)\ (m - 1)$ 10 $m = -2$

181 (FUVEST - 94) a) Se $z_1 = \cos\theta_1 + i\ \text{sen}\theta_1$ e $z_2 = \cos\theta_2 + i\ \text{sen}\theta_2$, mostre que o produto z_1z_2 é igual a $\cos(\theta_1 + \theta_2) + i\ \text{sen}(\theta_1 + \theta_2)$.
b) Mostre que o número complexo $z = \cos 48^\circ + i\ \text{sen}\ 48^\circ$ é raiz da equação $z^{10} + z^5 + 1 = 0$.

182 (VUNESP - 95) Seja L o afixo do número complexo $a = \sqrt{8} + i$ em um sistema de coordenadas cartesianas xOy. Determine o número complexo b, de módulo igual a 1, cujo afixo M pertence ao quarto quadrante e é tal que o ângulo LOM é reto.

Resp: **179** e

180 $S = \{2 \pm 3i\}$

13 A divisão de números complexos (a + bi): (c + di) = $\frac{a+bi}{c+di}$ tem uma estrutura muito semelhante à divisão de números reais e irracionais. Observe:

$$(\sqrt{3}-1):(2+\sqrt{3}) = \frac{\sqrt{3}-1}{\mathbf{2+\sqrt{3}}}\cdot\frac{2-\sqrt{3}}{2-\sqrt{3}} = \frac{2\sqrt{3}-3-2+\sqrt{3}}{2^2-(\sqrt{3})^2} =$$

$$= \frac{\mathbf{3\sqrt{3}-5}}{\mathbf{4-3}} = \frac{\mathbf{-5+3\sqrt{3}}}{\mathbf{1}} = \mathbf{-5+3\sqrt{3}}$$

Essa operação é chamada de **racionalização do denominador** pois o denominador da fração passou de **irracional** (**2 +** $\sqrt{\mathbf{3}}$) para **racional (1)**. Efetuar essa divisão de números irracionais significou transformá-la no resultado a + b$\sqrt{3}$ onde **a, b** ∈ **Q** e $\sqrt{\mathbf{3}}$ ∈ **(R – Q)**.

No produto notável **(a + b) (a – b) = a² – b²** que foi usado na racionalização acima os fatores **a + b** e **a – b** são chamados de **conjugados**. Assim sendo, o conjugado de **2 +** $\sqrt{\mathbf{3}}$ é **2 –** $\sqrt{\mathbf{3}}$.

Inspirando-se na operação acima efetue as seguintes divisões de números complexos, dando a resposta final na forma **a + bi** (a, b ∈ R):

a) (1 + 3i) : (2 + i) = $\frac{1+3i}{2+i} = \frac{1+3i}{2+i}\cdot$ ________

b) (5 – 2i) : (1 – i) = $\frac{5-2i}{1-i}$ =

Note bem: dividir números complexos equivale a efetuar a **realização do denominador**.

Resp: 11 m = 2 ou m = 3 12 a) 3 – i b) – 1 + 6i c) 2 + 16i d) 9 – 7i e) – 2 + 2i f) – 2 – 2i g) – i

179 (FUVEST - 95) Sabendo que α é um número real e que a parte imaginária do número complexo $\frac{2+i}{\alpha+2i}$ é zero, então α é:

a) -4 b) -2 c) 1   d) 2   e) 4

180 (FUVEST - 95) Determine os números complexos z tais que $z + \overline{z} = 4$ e $z \cdot \overline{z} = 13$, onde $\overline{z}$ é o conjugado de z.

Resp: **177** a   **178** c

14 Efetue as seguintes divisões de números complexos (realize os denominadores das frações) deixando os resultados na forma a + bi (a, b $\in$ R).

a) $(3 - i) : (2 - i) =$

b) $\dfrac{4 + 3i}{i - 3} =$

c) $\dfrac{1 - 4i}{2i} =$

d) $\dfrac{1}{i} =$

e) $\dfrac{1 + i}{1 - i} =$

f) $\dfrac{1 - i}{1 + i} =$

15 Efetue e simplifique:

a) $1 + i + i^2 + i^3 + i^4 + i^5 =$

b) $\dfrac{(1 + 2)^2 - (3 - i)^2}{(1 - i)^2} =$

c) $\dfrac{2i}{2 + i} + \dfrac{10}{1 - 3i} + \dfrac{1 - i}{i + 3} =$

Resp: **13** a) $1 + i$ b) $\dfrac{7 + 3i}{2} = \dfrac{7}{2} + \dfrac{3}{2}i$

177 (ITA - 99) O conjunto de todos os números complexos z, $z \neq 0$, que satisfazem à igualdade

$|z + 1 + i| = \big|\,|z| - |1 + i|\,\big|$ é:

a) $\left\{z \in C: \arg z = \frac{5\pi}{2} + 2\pi, k \in Z\right\}$

b) $\left\{z \in C: \arg z = \frac{\pi}{4} + 2\pi, k \in Z\right\}$

c) $\left\{z \in C: |z| = \sqrt{2} \text{ e } \arg z = \frac{\pi}{6} + k\pi, k \in Z\right\}$

d) $\left\{z \in C: |z| = \sqrt{2} \text{ e } \arg z = \frac{\pi}{4} + 2k\pi, k \in Z\right\}$

e) $\left\{z \in C: \arg z = \frac{\pi}{4} + k\pi, k \in Z\right\}$

178 (FUVEST - 96) Dado o número complexo $z = \sqrt{3} + i$ qual é o menor valor do inteiro $n \geq 1$ para o qual z^n é um número real?

a) 2 b) 4 c) 6 d) 8 e) 10

Resp: 175 b 176 a

16 Calcule os valores das seguintes potências inteiras de **i** (Observe o exemplo do item (a)):

a) $i^{-1} = \frac{1}{i} = \frac{1}{i}.\frac{-i}{-i} = \frac{-i}{-i^2} = \frac{-i}{1} = -i$

Lembre-se
$\mathbf{i^2 = -1}$
$\mathbf{i^3 = -i}$
$\mathbf{i^4 = 1}$

b) $i^{-2} =$

c) $i^{-3} =$

d) $i^{-4} = (i^4)^{-1} = 1^{-1} = 1$

e) $i^{-5} = i^{-8}.\ i^3 =$

f) $i^{-6} = i^{-8}\ .\ i^2 =$

g) $i^{-7} =$

h) $i^{-8} =$

i) $i^{-9} = i^{-12}\ .\ i^3 =$

j) $i^{-10} =$

17 Complete a figura abaixo com os resultados do exercício anterior:

n	- 9	**- 8**	- 7	- 6	- 5	**- 4**	- 3	- 2	- 1	**0**
$\mathbf{i^n}$		**1**				**1**			- i	**1**

A seguir calcule:

a) $i^{-17} =$

b) $i^{-35} =$

c) $i^{-134} =$

d) $i^{-49} =$

Resp: **14** a) $\frac{7+i}{5} = \frac{7}{5} + \frac{1}{5}i$ b) $\frac{-9-13i}{10}$ c) $\frac{-4-i}{2}$ d) $-i$ e) i f) $-i$

15 a) $1 + i$ b) $\frac{-10-11i}{2} = -5 - \frac{11i}{2}$ c) $\frac{8}{5} + \frac{17}{5}i$

175 (ITA - 89) O valor da expressão $| \mathbf{1 - z} |^2 + | \mathbf{1 + z} |^2$, sendo z um número complexo, é:

a) 5, se $| z | \leq 1$ b) 4, se $| z | = 1$ c) 0, se $Im(z) = 0$ d) 2, para todo z e) 3, se $Re(z) = 0$

176 (MACK - 99) Se z é um número complexo tal que $\mathbf{z\ (1 - i)}$ é real, então o afixo de z é ponto da reta:

a) $x - y = 0$ b) $3x - y = 0$ c) $x - 2y = 0$ d) $x + y = 0$ e) $x - 3y = 0$

Resp: 173 e 174 b

Conjugado de um número complexo

Definição:

Chama-se conjugado do número complexo $\mathbf{z} = \mathbf{a} + \mathbf{bi}$ (a, b $\in$ R) ao número $\overline{z} = \mathbf{a} - \mathbf{bi}$ (indica-se $\overline{z}$ e lê-se "**z traço**").

Principais aplicações: o conjugado de um número complexo é utilizado, como já vimos anteriormente, na divisão de números complexos quando **realizamos o denominador**. Observe (a, b, c d $\in$ R):

$$\frac{z}{w}=\frac{a+bi}{c+di}=\frac{a+bi}{c+di}.\frac{\overline{w}}{\overline{w}}=\frac{a+bi}{c+di}.\frac{c-di}{c-di}=$$

$$=\frac{ac-adi+bci+bd}{c^2-d^2i^2}=\frac{(ac+bd)+i(bc-ad)}{c^2+d^2}=\frac{ac+bd}{c^2+d^2}+i\frac{bc-ad}{c^2+d^2}$$

Observe que $\quad Re\left(\frac{z}{w}\right)=\frac{ac+bd}{c^2+d^2} \quad$ e $\quad Im\left(\frac{z}{w}\right)=\frac{bc-ad}{c^2+d^2}$

Outra aplicação importante do conjugado de z aparecerá no estudo das equações polinomiais (Teorema das raízes complexas não reais).

Principais propriedades dos conjugados

1ª) $\overline{(\overline{z})} = z$

2ª) $\overline{z + w} = \overline{z} + \overline{w}$

3ª) $\overline{z \,.\, w} = \overline{z} \,.\, \overline{w}$

4ª) $\overline{\left(\frac{z}{w}\right)} = \frac{\overline{z}}{\overline{w}} \quad (w \neq 0)$

5ª) $\overline{z^n} = (\overline{z})^n \,,\; n \in Z$

Resp: 16 a) $-i$ b) -1 c) i d) 1 e) $-i$ f) -1 g) i h) 1 i) $-i$ j) -1

17 a) $-i$ b) i c) -1 d) $-i$

173 (MACK - 88) Sendo i a unidade imaginária, o valor de $y = \dfrac{i + i^2 + i^3 + \ldots + i^{502}}{i + i^2 + \ldots + i^{103}}$ é :

a) i b) $-i$ c) 1 d) -1 e) $1 - i$

174 (ITA - 88) O número natural n tal que $(2i)^n + (1 + i)^{2n} = -16i$, onde i é a unidade imaginária ,vale:

a) $n = 6$ b) $n = 3$ c) $n = 7$ d) $n = 4$ e) não existe n nestas condições.

Resp: 171 e 172 a

18 Escreva, em cada item, o conjugado $(\overline{z})$ do número complexo **z** dado:

a) $z = 2 + 3i \Leftrightarrow \overline{z} =$

b) $z = i - 2 \Leftrightarrow \overline{z} =$

c) $z = 1 - i \Leftrightarrow \overline{z} =$

d) $z = 2i + 5 \Leftrightarrow \overline{z} =$

e) $z = 2i \Leftrightarrow \overline{z} =$

f) $z = -i \Leftrightarrow \overline{z} =$

g) $z = 4 \Leftrightarrow \overline{z} =$

h) $z = \pi \Leftrightarrow \overline{z} =$

i) $z = i \Leftrightarrow \overline{z} =$

j) $z = 1 - \sqrt{2} \Leftrightarrow \overline{z} =$

19 Determine o conjugado do número complexo z^2 sendo $z = 1 - 2i$.

20 Sendo $z = 2 + 4i$, calcule:

a) $z - 2\overline{z}$

b) o recíproco (inverso) do conjugado de z.

21 Sabendo que $z = 2 - i$ e $\overline{w} = \dfrac{5}{2 - i}$, calcule $\dfrac{w}{z}$ ($\overline{w}$ é o conjugado de w)

Sugestão: use as propriedades (1ª) e (4ª) dos conjugados.

22 São dados dois números complexos **z** e **w** tais que $z^2 - w^2 = -2 + 8i$ e $\overline{z} + \overline{w} = 3 - 5i$. Nessas condições, determine o valor de $z - w$.

171 (CESCEM - 70) O valor de $\left(\frac{1}{2}+i\frac{\sqrt{3}}{2}\right)^{11}$ é:

a) 1 b) i c) $\frac{\sqrt{2}}{2}+i\frac{\sqrt{2}}{2}$ d) $\frac{\sqrt{3}}{2}+\frac{1}{2}i$ e) $\frac{1}{2}-i\frac{\sqrt{3}}{2}$

172 (MACK - 88) Seja i a unidade imaginária.

Dada a matriz $A = \begin{bmatrix} (1-i)^1 & y \\ i-2 & -2x \end{bmatrix}$ com $\det A = -3i$, então o valor de $x + y$ $(x, y \in \mathbf{R})$ é igual a:

a) 3 b) 7 c) 12 d) 9 e) 5

Resp: 169 c 170 a

23 a) Calcule $(1 + i)^2 =$

b) Usando convenientemente o resultado do item (a), calcule $(1 + i)^{20}$.

24 a) Simplifique $(1 - i)^2 =$

b) Usando o resultado do item (a), simplifique $(1 - i)^{31}$.

25 a) Simplifique $(1 + i)(1 - i) =$

b) Calcule $(1 + i)^{17} (1 - i)^{19}$.

26 a) Efetue $\frac{1+i}{1-i} =$

b) Simplifique $\left(\frac{1+i}{1-i}\right)^{87}$

27 a) Efetue $\frac{1-i}{1+i} =$

b) Simplifique $\left(\frac{1-i}{1+i}\right)^{-43}$

Resp: **18** a) $2 - 3i$ b) $-2 - i$ c) $1 + i$ d) $5 - 2i$ e) $-2i$ f) i g) 4 h) π i) $-i$ j) $1-\sqrt{2}$

19 $-3 + 4i$ **20** a) $-2 + 12i$ b) $\frac{1+2i}{10}$ **21** 1 **22** $1 + i$

169 (CESCEM - 68) O conjugado de $\frac{1+i}{i}$ vale:

a) $\frac{1-i}{i}$ b) $-\frac{1-i}{i}$ c) $1+i$ d) $\frac{i}{1+i}$ e) $(1-i)^{-1}$

170 (CESCEM - 69) Sejam a e b dois números complexos, **c** = **a** + **b** e **d** = **a** . **b**. Nestas condições:

a) se **a** e **b** forem conjugados, então **c** e **d** são reais.
b) se **c** e **b** forem reais, então **a** e **b** são conjugados.
c) se **a** e **b** forem reais, então **c** e **d** são conjugados.
d) se **c** e **d** forem conjugados, então **a** e **b** são reais.
e) nenhuma das anteriores.

Resp: **167** $z = 8 - 3i$

168 a) $|z| = 2$ e $\arg(z) = \frac{7\pi}{6}$ b) $|z| = 1$ e $\arg(z) = \frac{\pi}{6}$

c) $|z| = 3\sqrt{2}$ e $\arg(z) = \frac{7\pi}{4}$

Alguns resultados notáveis

Os resultados seguintes são úteis na resolução de exercícios:

1º) $(1 + i)^2 = 2i$ **2º)** $(1 - i)^2 = -2i$ **3º)** $(1 + i)(1 - i) = 2$

4º) $\dfrac{1+i}{1-i} = i$ **5º)** $\dfrac{1-i}{1+i} = -i$

28 Usando os resultados acima, simplifique:

a) $(1 + i)^{11} =$

b) $(1 + i)^{53} . (1 - i)^{102} =$

c) $(\sqrt{3} - \sqrt{3}i)^{26} =$

d) $\left(\dfrac{1+i}{1-i}\right)^{4k+1} + \left(\dfrac{1-i}{1+i}\right)^{4k+2} =$
$(k \in Z)$

Resp: 23 a) $2i$ b) -2^{10} 24 a) $-2i$ b) $2^{15}(1+i)$ 25 a) 2 b) $-2^{18}i$

26 a) i b) $-i$ 27 a) $-i$ b) $-i$

167 Dentre os números complexos que satisfazem à desigualdade $|z - 12| \leq 5$, determine aquele cujo afixo tem **distância mínima** até o ponto **P (0, – 9)**.

168 Determine o módulo e o argumento dos seguintes números complexos:

a) $z = 2\ (\cos\frac{5\pi}{6} - i\,\text{sen}\,\frac{5\pi}{6})$

b) $z = \text{sen}\,\frac{\pi}{3} + i\cos\frac{\pi}{3}$

c) $z = -3\ (\cos\pi + i\,\text{sen}\,\frac{\pi}{2})$

Resp: 165 a 166 e

Exercícios Gerais

29 (MAPOFEI - 76) Determine **Re(z)** e **Im(z)** sabendo que $z = v \cdot \bar{u}$, que $u = x + yi$ $(x, y \in \mathbf{R})$ e que $v = \frac{1}{2} - i\,\frac{\sqrt{3}}{2}$.

30 (PUC - 79) Se $f(z) = z^2 - z + 1$, calcule $f(1 - i)$.

31 (U.F GO - 80) Calcule o valor de $i^{-15} + i^{-14} + i^{-25} + 1$.

32 (MACK - 79) Simplifique $\frac{(2+i)^{101}.(2-i)^{50}}{(-2-i)^{100}.(i-2)^{49}}$.

33 (PUC - 84) Determine o valor de $(1+i)^{12} - (1-i)^{12}$ onde i é a unidade imaginária.

Resp: 28 a) $2^5(-1+i)$ b) $2^{77}(1-i)$ c) $-6^{13}i$ d) $-1+i$

165 (ITA - 81) Sejam **a** e **k** constantes reais, sendo $\mathbf{a > 0}$ e $\mathbf{0 < k < 1}$. De todos os números complexos **z** que satisfazem à relação $|\mathbf{z - a\,i}| \leq \mathbf{ak}$, qual é o de menor argumento?

a) $z = ak\sqrt{1-k^2} + i\,a(1-k^2)$

b) $z = k\sqrt{1-k^2} - i\,a(1-k^2)$

c) $z = k\sqrt{1-k^2} - i\sqrt{1-k^2}$

d) $z = -k\sqrt{1-k^2} - i\,a(1-k^2)$

e) $z = a + ik$

166 (SANTA CASA - 81) Seja o número complexo $\mathbf{z = (2 - 2i)^n}$, onde $\mathbf{n} \in \mathbf{N^*}$. Se $\mathbf{z = 512\,i}$, então o número **n** é:

a) primo
b) quadrado perfeito
c) divisível por 5
d) múltiplo de 4
e) divisível por 3

Resp: 163 d   164 b

34 Determine, em cada caso, todos os valores possíveis para **z** :

a) $z = i^a + i^b$ $(a, b \in N)$

b) (IME/ USP - 69) $z = i^m + i^{-m}$ $(m \in Z)$.

35 (MACK - 73) Para que valores de **n(n ∈ Z)** se verifica a igualdade $(1+i)^n = (1-i)^n$?

Sugestão: use o resultado (4º) da página 15.

36 (MACK - 77) Dados os números complexos $\boldsymbol{\alpha = 1 + i}$ e $\boldsymbol{\beta = 1 - i}$, determine o valor de $\alpha^{52}.\beta^{-51}$.

Sugestão : $\alpha^{52}.\beta^{-51} = \dfrac{\alpha^{52}}{\beta^{51}}.\dfrac{\beta}{\beta} = \dfrac{\alpha^{52}.\beta}{\beta^{52}} = \left(\dfrac{\alpha}{\beta}\right)^{52}.\beta$

Use o resultado notável (4º) da página 15.

Resp: 29 $Re(z) = \frac{1}{2}x - \frac{\sqrt{3}}{2}y$, $Im(z) = -\frac{\sqrt{3}}{2}x - \frac{1}{2}y$ 30 $-i$ 31 0 32 -5 33 0

163 (CESCEA - 74) Seja **z** o produto dos números complexos $\sqrt{3}+i$ e $\frac{3}{2}(1+i\sqrt{3})$. Então, o módulo e o argumento de **z** são, respectivamente:

a) 4 e 30º   b) 12 e 80º   c) $\sqrt{6}$ e 90º   d) 6 e 90º   e) não sei

164 (MACK - 74) O número complexo $z = x + yi$ é tal que $|z - 3| = 2$. Então, necessariamente:

a) $0 < x < 2$ e $0 < y < 2$

b) $1 \le x \le 5$ e $-2 \le y \le 2$

c) $-1 \le x \le 2$ e $-3 \le y \le 3$

d) $0 \le x \le 3$ e $0 \le y \le 3$

e) $0 \le x \le 3$ e y não tem restrição.

Resp: 161 d   162 $z = 12 + 16i$

37 (FUVEST - 79) Determine $\mathbf{x} \in \mathbf{R}$ de modo que a parte real do número complexo $z = \dfrac{x - i}{x + i}$ seja negativa.

38 Qual é a condição necessária e suficiente sobre **a, b** $\in$ **R** para que $z = a + bi$ seja imaginário puro?

39 (FEI - 68) Determine todos os valores de $x \in R^*$ de modo que $z = (1 + ix)^3$ seja real.

40 (MACK - 77) Determine **a, b** $\in$ **R** de modo que o número complexo $z = (a + bi)^4$ seja **real e negativo**.

Resp: **34** a) $\{2, 1 + i, 0, 1 - i, 2i, -1 + i, -2, -1 - i, -2i\}$ b) $\{0, 2, -2\}$

35 $n = 4k, k \in Z \Leftrightarrow n \in \{..., -4, 0, 4, 8, ...\}$ **36** $1 - i$

161 (ITA - 82) Considere a família de curvas do plano complexo, definida por $\mathbf{Re}\left(\frac{1}{z}\right) = \mathbf{m}$ onde z é um complexo não nulo e **m** é uma constante real positiva.
Para cada **m** temos uma:

a) circunferência com centro no eixo real e raio igual a **m**.

b) circunferência com centro no eixo real e raio igual a $\frac{1}{\mathbf{m}}$.

c) circunferência tangente ao eixo real e raio igual a $\frac{1}{2\mathbf{m}}$.

d) circunferência tangente ao eixo imaginário e raio igual a $\frac{1}{2\mathbf{m}}$.

e) circunferência com centro na origem do plano complexo e raio igual a $\frac{1}{\mathbf{m}}$.

162 (MACK - 71) Determine o número complexo **z** de menor argumento principal ($0 \le \theta < 2\pi$) dentre aqueles que satisfazem à desigualdade $|z - 25i| \le 15$. Faça um gráfico no Plano de Argand - Gauss.

R e s p : 159 Demonstração. Reta $x = -\frac{1}{2}$ (paralela a θ_y) 160 b

41 Sendo $z = \cos\theta + i\,\text{sen}\,\theta$ mostre que $\dfrac{1+z}{1+\bar{z}} = z$.

Dica: Observe que $z.\bar{z} = (\cos\theta + i\,\text{sen}\,\theta)(\cos\theta - i\,\text{sen}\,\theta) = \cos^2\theta + \text{sen}^2\theta = 1$

42 (POLI - 65) Quais as condições sobre **a,b, c, d** $\in$ **R** de modo que o número $z = \dfrac{a+bi}{c+di}$ seja real?

43 (CICE - 68) Sabendo que $z = x + yi$ $(x, y \in IR)$ e $x^2 + y^2 \neq 0$, determine em que condições $z + \dfrac{1}{z}$ é um número real.

Resp: **37** $\{x \in R \mid -1 < x < 1\}$ **38** $a = 0$ e $b \neq 0$ **39** $x = \pm\sqrt{3}$ **40** $a = \pm b$ e $b \neq 0$

159 (ITA - 74) Seja z_K um número complexo, solução da equação

$\mathbf{(z + 1)^5 + z^5 = 0}$ **(k = 0, 1, 2, 3, 4)**

Mostre que os afixos dos números z_K (K = 0, 1, 2, 3, 4) estão, todos, sobre uma reta paralela ao eixo imaginário. Determine a equação dessa reta.

160 (ITA - 80) Seja **z** um número complexo de **módulo 1** e **argumento** θ. Se n é um número inteiro e positivo, $z^n + \frac{1}{z^n}$ é igual a:

a) $\cos(n\theta)$ b) $2\cos(n\theta)$ c) $\text{sen}(n\theta)$ d) $2\,\text{sen}(n\theta)$ e) $\text{sen}(n\theta) + \cos(n\theta)$

Resp: **157** – 1 **158** Demonstração

Igualdade de números complexos na forma algébrica

Definição:

Dados os números complexos $\mathbf{z = a + bi\ (a, b \in R)}$ e $\mathbf{w = c + di\ (c, d \in R)}$ temos, por definição:

$$\boxed{z = w} \quad \Leftrightarrow \quad \boxed{a = c \quad e \quad b = d}$$

Analogamente, tomando os afixos de z e w, temos:

$$\mathbf{z} = a + bi = (a, b) = \mathbf{P} \quad e \quad \mathbf{w} = c + di = (c, d) = \mathbf{Q}$$

$$\mathbf{z = w \Leftrightarrow a = c \quad e \quad b = d \Leftrightarrow (a, b) = (c,d) \quad \Leftrightarrow \quad P \equiv Q}$$

Observações:

1º) Dois números complexos são iguais se, e somente se, os seus afixos são dois pontos coincidentes no plano complexo (plano de Argand - Gauss).

2º) É importante notar que a definição acima só é válida quando **a, b, c** e **d** são **todos reais**.

3º) Outro modo de se escrever esta definição é a seguinte:

$$\boxed{z = w} \quad \Leftrightarrow \quad \boxed{\begin{array}{c} Re(z) = Re(w) \\ e \\ Im(z) = Im(w) \end{array}}$$

Resp: 41 Demostração 42 $bc = ad$ e $c^2 + d^2 \neq 0$ 43 $y = 0$ ou $x^2 + y^2 = 1$

157 (FUVEST - 78) Dado o número complexo $w = \cos\frac{\pi}{3} + i\,\text{sen}\,\frac{\pi}{3}$, calcular a soma

$S = w + w^2 + w^3 + w^4 + w^5$

158 (ITA - 79) Estudando a equação $32\,z^5 = (z+1)^5$ no plano complexo, mostre que essa equação tem quatro raízes imaginárias, duas no 2º quadrante e duas no 3º quadrante.

Resp: 155 $\frac{1}{2} \pm i\frac{\sqrt{3}}{2}$ 156 $\cos\frac{2\pi}{5} = \frac{\sqrt{5}-1}{4}$

Exercícios

44 Determine, em cada caso, **a** e **b reais** que tornem verdadeiras as igualdades:

a) $a + bi = 2 + 3i \iff a =$ e $b =$

b) $a + bi = -1 + 6i \iff$

c) $a + bi = 4$ (real) $\iff$

d) $a + bi = -3i$ (imaginário puro) $\iff$

e) $a + bi = i - 2 \iff$

f) $a + bi = 0 \iff$

g) $a + bi = \quad \iff$

h) $a + bi = i^2 - 5i \iff$

45 Determine, em cada caso, $x, y \in R$ que tornem verdadeiras as igualdades:

a) $2x - 3yi = 10 + 15i$

b) $2x - y - 3i = 8 + i(x + 3y)$

c) $17 + (y + 5)i = x^2 + y^2 + xi$

155 (MAPOFEI - 73) Determine o número complexo $\mathbf{z = x + yi}$ (x, y $\in \mathbb{R}$) tal que **z**, $\frac{\mathbf{1}}{\mathbf{z}}$ **e** $\mathbf{1 - z}$ tenham o mesmo módulo.

156 (POLI - 68) Calcular $\cos\frac{2\pi}{5}$ utilizando o fato de que o número complexo $z = \cos\frac{2\pi}{5} + i\,\text{sen}\,\frac{2\pi}{5}$ é raiz da equação $z^5 - 1 = 0$.

R e s p : **153** Demonstração **154** a) $-1-i$ b) $|z| = \sqrt{2}$ e $\arg(z) = \frac{5\pi}{4}$ c) -2^{502}

46 Determine **x, y** $\in$ **R** satisfazendo às igualdades:

a) $-1 + 3i(y - x + 1 - xi) = x - y - 5i(1 - y) - 2xi$

b) $(x + yi)(2 - 3i) = -4 - 7i$

c) $(x + yi)^2 = -3 + 4i$

d) $y^2(1 - yi)i - 7i(4i + 1) = x[x^2 - i(x + y)]$

Resp: **44** a) $(a, b) = (2, 3)$ b) $(a,b) = (-1, 6)$ c) $(a, b) = (4, 0)$ d) $(a, b) = (0, -3)$ e) $(a,b) = (-2, 1)$

f) $(a, b) = (0, 0)$ g) $(a, b) = (1 - \sqrt{3}, 0)$ h) $(a, b) = (-1, -5)$

45 a) $(x, y) = (5, -5)$ b) $(3, -2)$ c) $(4, -1)$ ou $(1, -4)$

153 Se $x + \frac{1}{x} = 2\cos\theta$, prove que $x^n + \frac{1}{x^n} = 2\cos n\theta$ ($n \in \mathbb{N}$ e $\theta \in \mathbf{R}$)

154 (MAPOFEI - 70) a) Determinar o número complexo z tal que $iz + 2\bar{z} + 1 - i = 0$.
b) Qual o módulo e o argumento desse complexo?
c) Determinar a potência de expoente 1004 desse complexo.

Resp: 151 $\alpha^2 - \alpha\beta + \beta^2 = 0$

152 $|z| = -2\cos\frac{\theta}{2}$

$\arg(z) = \frac{\theta}{2} + \pi$

47 Resolva, em C, a equação $z^2 = -2i$

Sugestão: substitua **z** por **a + bi (a, b ∈ R)** recaindo, então, no exercício 46.

48 (PUC - 74) Determine **z ∈ C** na equação $iz + 2\bar{z} + 1 - i = 0$ ($\bar{z}$ é o conjugado de z)

Sugestão: substituir **z** por **a + bi** e $\bar{z}$ por **a – bi (a, b ∈ IR)**

49 (PUC - 90) Determine **x, y ∈ IR** que satisfazem à equação $(2 - 5i)x + (1 + 3i)y - 8 + 9i = 0$

Resp: **46** a) (x, y) = (–2, 5) b) (1, – 2) c) (1, 2) ou (– 1 –2) d) (3, – 1) ou (1, – 3)

151 Sabendo-se que os afixos de **α, β e zero** formam um triângulo equilátero no Plano de Gauss, determine o valor de **$\alpha^2 - \alpha\beta - \beta^2$**.

152 Sabendo que $\theta \in \mathbf{R} \mid \pi < \theta < 2\pi$, determine o módulo e o argum ento do número complexo $z = 1 + \cos\theta + i\,\text{sen}\theta$.

Resp: 149 $|z| = 1$ e $\arg(z) = \theta$

150 a) $(z_0)^2 = -\frac{1}{2} + i\frac{\sqrt{3}}{2}$ b) $S = \left\{-1, \frac{1}{2} + i\frac{\sqrt{3}}{2}, \frac{1}{2} - i\frac{\sqrt{3}}{2}\right\}$

50 Resolver as seguintes equações no conjunto dos números complexos ($z \in C$).

a) $z^2 = \overline{z}$

b) $z^3 = \overline{z}$

Resp: 47 $S = \{1 - i, -1 + i\}$ 48 $S = \{-1 - i\}$ 49 $(x, y) = (3, 2)$

Exercícios Gerais

149 Determine o módulo e o argumento do número complexo $z = \dfrac{1 + \cos\theta + i\,\text{sen}\theta}{1 + \cos\theta - i\,\text{sen}\theta}$.

150 (E. E. Mauá - 77) Dada a equação $z^3 + 1 = 0$,

a) sabendo-se que $z_0 = \dfrac{1}{2} + i\dfrac{\sqrt{3}}{2}$ é uma raiz, calcule $(z_0)^2$.

b) determine todas as raízes sabendo-se que $z_1 = -1$ é uma delas.

Resp: 147 a) $[x - (1+i)]\,[x + (1+i)]$

b) $[x - (1-i)]\,[x + (1-i)]$

148 a) $6\left(x - \dfrac{y}{2}\right)\left(x - \dfrac{y}{3}\right) = (2x - y)(3x - y)$

b) $(x - 1 - i)(x + 1 + i)(x - 1 + i)(x + 1 - i)$

51 Determine $\mathbf{z} \in \mathbf{C}$ tal que $z^2 = -i$.

52 (MACK - 77) Determine todas as soluções da equação complexa $z^2 = \bar{z}\, i$

53 (ENE - 52) Provar que se a equação $x^2 + (a + bi)x + (c + di) = 0$, a, b, c, d $\in \mathbf{R}$, admite uma raiz real então $abd = d^2 + b^2c$

Resp: 50 a) $S = \left\{0, 1, -\frac{1}{2} \pm i\, \frac{\sqrt{3}}{2}\right\}$ b) $S = \{0, \pm 1, \pm i\}$

147 Lembrando que $(1 + i)^2 = 2i$ e $(1 - i)^2 = -2i$ fatore as seguintes expressões:

a) $x^2 - 2i =$

b) $x^2 + 2i = x^2 - (-2i) =$

148 FUVEST - 82) Decomponha em fatores do 1º grau:

a) $6x^2 - 5xy + y^2$

b) $x^4 + 4$ (Sugestão: faça $4 = -4i^2$)

Resp: **146** b) $x^2 = -4$ ou $x^2 = 2i$

$V = \{\pm 2i, \pm (1 + i)\}$

54 Resolver os seguintes sistemas de equações do 1º grau em C:

Cuidado: **x, y ∈ C**

a) $\begin{cases} x + yi \quad 2 + i \\ ix - 2y = 3i - 1 \end{cases}$

b) (CESCEM - 68)

$\begin{cases} x + yi = i \\ xi + y = 2i - 1 \end{cases}$

c) (FUVEST - 93) $y - x = \dfrac{y}{x} = i$

Resp: **51** $S = \left\{ \pm\left(\dfrac{\sqrt{2}}{2} - i\,\dfrac{\sqrt{2}}{2} \right) \right\}$ **52** $S = \left\{ 0, -i, \pm\dfrac{\sqrt{3}}{2} + \dfrac{1}{2}i \right\}$ **53** Demonstração

146 b) A equação do item (a) também pode ser resolvida "por fatoração". Observe:

$x^6 + 7x^3 - 8 = 0 \Rightarrow (x^3 + 8)(x^3 - 1) = 0 \Rightarrow$

soma = 7

produto = – 8

$$\Rightarrow \begin{cases} x^3 + 8 = 0 \Rightarrow x^3 = -8 \\ \text{ou} \\ x^3 - 1 = 0 \Rightarrow x^3 = 1 \quad \text{recaindo no exercício 145} \end{cases}$$

Usando a estratégia acima, resolva a equação $x^4 + (4 - 2i)x^2 - 8i = 0$

Resp: 146 a) $y = x^3 = -8$ ou $y = x^3 = 1$

$$V = \left\{ 1 + i\sqrt{3},\ -2,\ 1 - i\sqrt{3},\ 1,\ -\frac{1}{2} + i\frac{\sqrt{3}}{2},\ -\frac{1}{2} - i\frac{\sqrt{3}}{2} \right\}$$

55 Resolver os seguintes sistemas de equações em C:

a) $\begin{cases} ix + y + z = 1 \\ x - iy + z = 1 - 2i \\ 3x - y - ix = 2 - 3i \end{cases}$

b) $\begin{cases} x + y + z = 2i \\ ix - y + z = - 1 - i \\ x - y - z = 4 \end{cases}$

Resp: **54** a) $S = \{(1 + i, - i)\}$ b) $(x, y) = (1 + i, i)$ c) $(x, y) = \left(\frac{1 - i}{2}, \frac{1+i}{2}\right)$

146 As equações da forma $ax^{2n} + bx^n + c = 0$ ($n \in N^*$) são chamadas de **equações trinômias** ou **equações n- quadradas**.

Resolva, a seguir, as equações:

a) $x^6 + 7x^3 - 8 = 0$

Sugestão: faça $\mathbf{x^3 = y}$ e $\mathbf{x^6 = y^2}$ e, a seguir, use a fórmula de Báskara.

Resp: 145 c) $V = \{x_i,\ i = 1, 2, 3, 4\}$

$x_1 = \frac{\sqrt{3}}{2} + \frac{1}{2}i$

$x_2 = -\frac{1}{2} + i\frac{\sqrt{3}}{2}$

$x_3 = -\frac{\sqrt{3}}{2} \quad \frac{1}{2}i$

$x_4 = \frac{1}{2} - i\frac{\sqrt{3}}{2}$

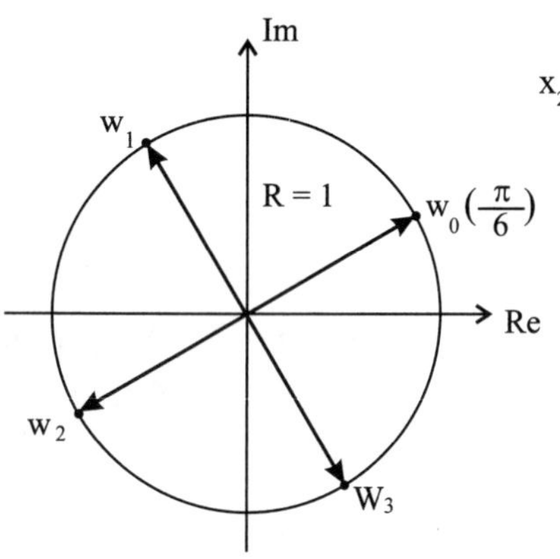

d) $V = \{x_i,\ i = 1, 2, 3, 4, 5\}$

$x_1 = 1$

$x_2 = \cos\frac{2\pi}{5} + i\,\text{sen}\frac{2\pi}{5}$

$x_3 = \cos\frac{4\pi}{5} + i\,\text{sen}\frac{4\pi}{5}$

$x_4 = \cos\frac{6\pi}{5} + i\,\text{sen}\frac{6\pi}{5}$

$x_5 = \cos\frac{8\pi}{5} + i\,\text{sen}\frac{8\pi}{5}$

$\frac{2\pi}{5} \longleftrightarrow 72^\circ$

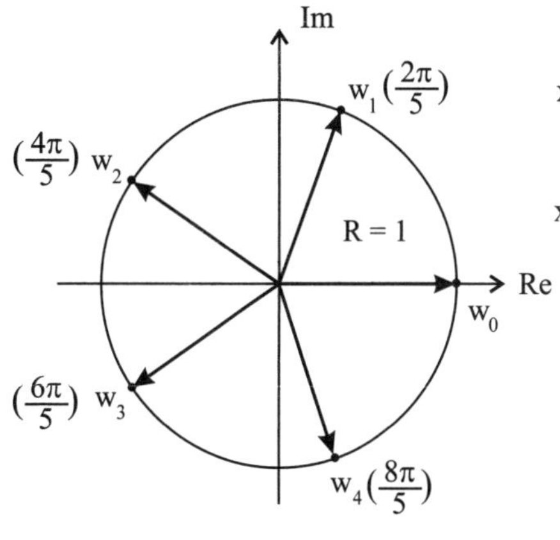

Algumas definições em R

A seguir, relembramos alguns conceitos e definições no **conjunto dos números reais** para que o leitor possa observar e entender muito bem as sutis diferenças que há entre tais conceitos, em **R** e em **C** (conjunto dos números complexos).

Radiciação em R

Definição: $\sqrt[n]{a} = b \Leftrightarrow b^n = a$

satisfazendo às seguintes condições:

1) **n** $\in$ N* e **a, b** $\in$ **R**.
2) **a** e **b** têm o **mesmo sinal**.
3) se **n for par** então **a** $\geq$ **0** (não negativo).

Conseqüências importantes da definição:

1) Não se define $\sqrt[n]{a}$ em R quando **n é par** e **a < 0** (isto gerou o estudo e a criação dos números complexos).
2) $\sqrt[n]{a}$ em **R** tem, sempre, **resultados único**, resultado esse com mesmo sinal que o radicando.
3) $\sqrt[n]{0} = 0 \quad \forall \quad n \in N^*$

56 Dê o valor das seguintes raízes em **R**:

a) $\sqrt[3]{8} =$ b) $\sqrt[4]{-1} =$ c) $\sqrt[3]{-64} =$ d) $\sqrt{-9} =$

e) $\sqrt{64} =$ f) $\sqrt[5]{-1} =$ g) $\sqrt[6]{-1} =$ h) $\sqrt[4]{16} =$

i) $\sqrt[3]{125} =$ j) $\sqrt{125} =$ k) $\sqrt[7]{1} =$ l) $\sqrt[8]{1} =$

m) $\sqrt{(-5)^2} =$ n) $\sqrt{-5^2} =$ o) $\sqrt{\left(1-\sqrt{2}^2 =\right)}$ p) $\sqrt[4]{(\pi-3)^4}$

Resp: **55** a) $(x, y, z) = (1-i, 0, -i)$ b) $(x, y, z) = (2+i, -1+2i, -1-i)$

145 c) $(1 + i\sqrt{3})\,x^4 + 2 = 0$

d) $x^5 - 1 = 0$

Resp: **145** a) $V = \{1 + i\sqrt{3}, -2, 1 - i\sqrt{3}\}$

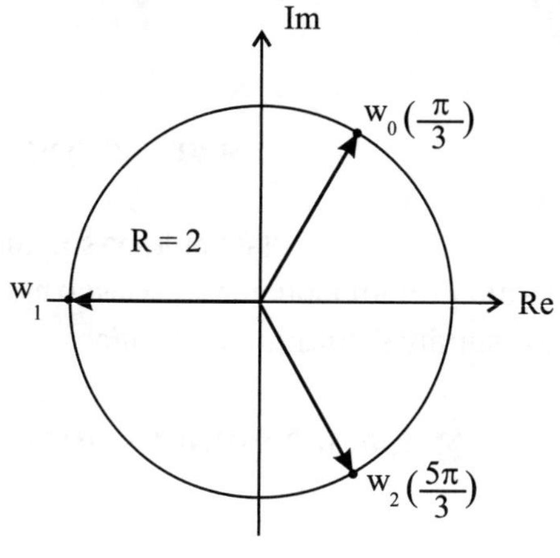

b) $V = \left\{\frac{\sqrt{3}}{2} + \frac{1}{2}i, -\frac{\sqrt{3}}{2} + \frac{1}{2}i, -i\right\}$

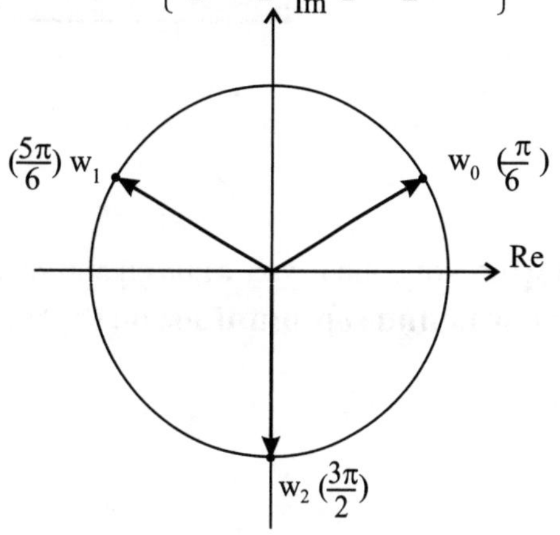

Módulo de um número real

(Valor absoluto)

Definição :

$\lvert x \rvert = x$	se	$x \geq 0$
$\lvert x \rvert = -x$	se	$x < 0$

Interpretação geométrica:

Módulo (ou valor absoluto) do número real **x** é igual à distância de **P** (afixo de x) até a origem **O** do sistema catersiano ($\lvert x \rvert$ = comprimento do vetor O P). Observe:

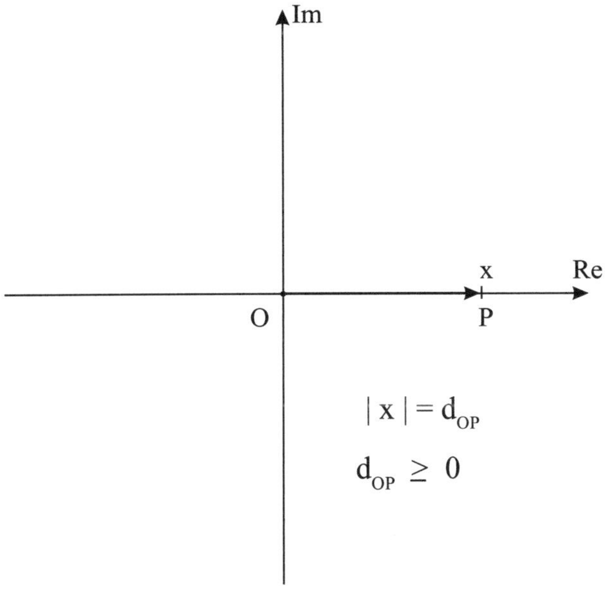

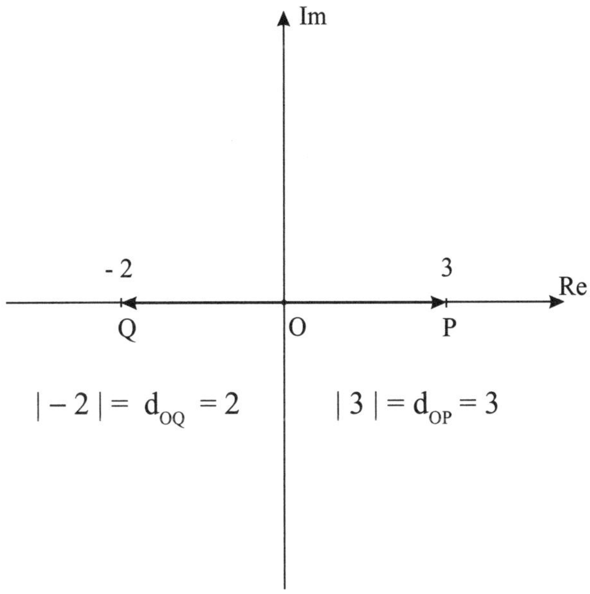

Propriedade importante em R: $\sqrt{x^2} = \lvert x \rvert, \quad \forall x \in R$

Generalizando, temos : n par $\Rightarrow \sqrt[n]{x^n} = \lvert x \rvert$

n ímpar $\Rightarrow \sqrt[n]{x^n} = x$

57 Dê o valor de :

a) $\lvert 12 \rvert =$ b) $\lvert -6 \rvert$ c) $\lvert 0 \rvert =$ d) $\lvert 9-6 \rvert =$

e) $\lvert 6-9 \rvert =$ f) $\lvert 1-\sqrt{3} \rvert$ g) $\lvert \sqrt{2}-1 \rvert$ h) $\lvert a-b \rvert =$ $(a < b)$

58 Simplifique os seguintes radicais:

a) $\sqrt{7^2} =$ b) $\sqrt{(-3)^2}$ c) $\sqrt[3]{2^3} =$ d) $\sqrt[5]{(-2)^5} =$

e) $\sqrt{\left(2-\sqrt{5}\right)^2} =$ f) $\sqrt[3]{\left(2-\sqrt{5}\right)^3}$ g) $\sqrt{(\pi-3)^2} =$ h) $\sqrt[5]{(\pi-3)^5} =$

i) $\sqrt[n]{8^n} =$ j) $\sqrt[n]{(-6)^n} =$ k) $\sqrt{m^2} =$ $(m \in IR)$ l) $\sqrt{\cos^2 x} =$ $(x \in IR)$

Resp: **56** a) 2 b) $\nexists$ c) -4 d) $\nexists$ e) 8 f) -1 g) $\nexists$ h) 2
i) 5 j) $5\sqrt{5}$ k) 1 l) 1 m) 5 n) $\nexists$ o) $\sqrt{2}-1$ p) $\pi-3$

145 Resolver as seguintes equações binômias em C, representando as soluções no Plano de Gauss:
(Veja o exercício 64)

a) $5x^3 + 40 = 0$

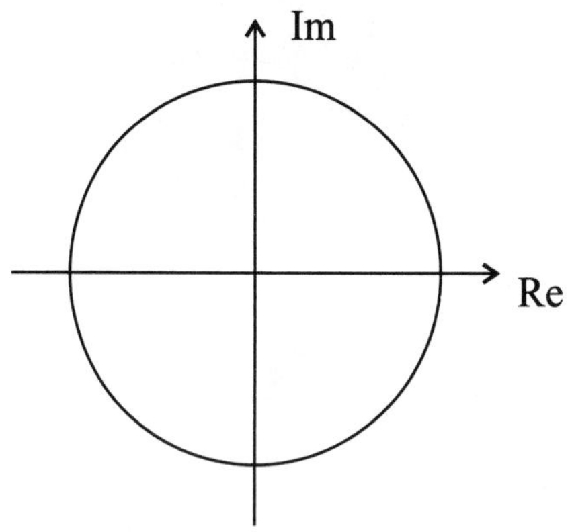

b) $(1 - i)\, x^3 - 1 - i = 0$

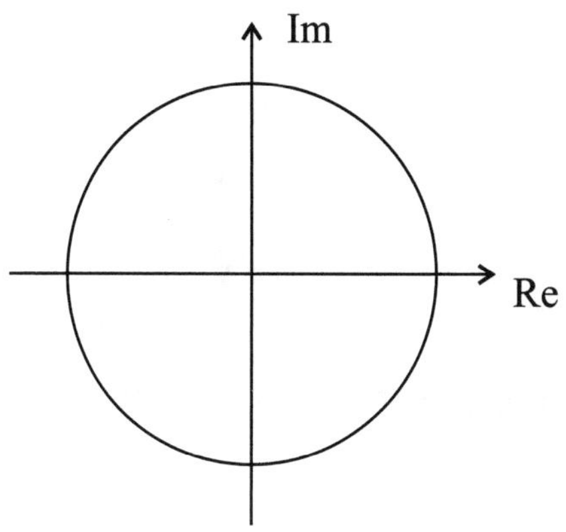

Resp: **144** a) $S = \dfrac{A(1-B)^n}{1-B} = \dfrac{A(1-1)}{1-B} = 0$

b) se n for par $\Rightarrow P = -z$

se n for ímpar $\Rightarrow P = z$

59 Lembrando que $|x| = d_{OP}$ (no eixo real), resolva as seguintes equações e inequações modulares **em R**:

a) $|x| = 4 \Leftrightarrow x =$

b) $|x| = 0 \Leftrightarrow$

c) $|x| = -2 \Leftrightarrow$

d) $|x| \sqrt{10} - 3 \Leftrightarrow$

e) $|x| = \sqrt{8} - 3 \Leftrightarrow$

f) $|x| = a \Leftrightarrow$
$(a > 0)$

g) $|x| < 4 \Leftrightarrow$

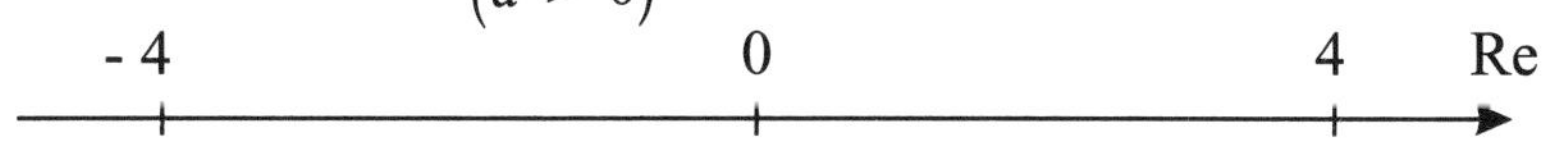

h) $|x| \geq 3 \Leftrightarrow$

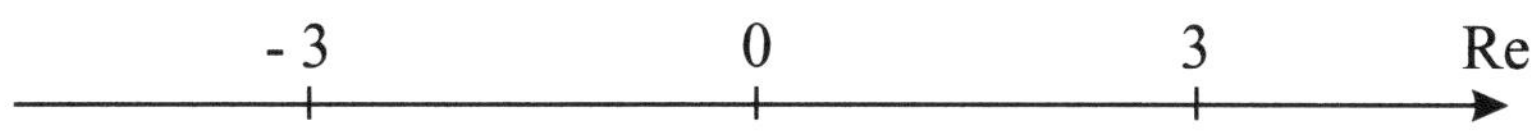

60 Resolva as seguintes equações incompletas do 2º grau **em R** do mesmo modo que está feito no item (a):

a) $4x^2 - 36 = 0 \Leftrightarrow 4x^2 = 36 \Leftrightarrow x^2 = 9 \Leftrightarrow \sqrt{x^2} = \sqrt{9} \Leftrightarrow |x| = 3 \Leftrightarrow x = \pm 3$, portanto $S = \{\pm 3\}$

b) $x^2 - 100 = 0$

c) $-3x^2 + 24 = 0$

d) $2x^2 + 50 = 0$

e) $x^2 - \Delta = 0$
(Supondo $\Delta = b^2 - 4ac \geq 0$)

f) $ax^2 - c = 0$
(a, c positivos)

Resp: **57** a) 12 b) $-(-6) = 6$ c) 0 d) 3 e) 3 f) $\sqrt{3} - 1$ g) $\sqrt{2} - 1$ h) $b - a$

58 a) 7 b) 3 c) 2 d) -2 e) $\sqrt{5} - 2$ f) $2 - \sqrt{5}$ g) $\pi - 3$ h) $\pi - 3$ i) 8 j) 6 para n par -6 para n ímpar (k) $|m|$ l) $|\cos x|$

144 As raízes enésimas de $z = |z|(\cos\theta + i \operatorname{sen} \theta)$ são dadas pela expressão

$$w_k = \sqrt[n]{|z|}.\left[\cos\left(\frac{\theta}{n}+k.\frac{2\pi}{n}\right)+i \operatorname{sen}\left(\frac{\theta}{n}+k.\frac{2\pi}{n}\right)\right]$$

Podemos fazer as seguintes transformações nessas expressão:

$$w_k = [\sqrt[n]{|z|}\ (\cos\frac{\theta}{n} + i \operatorname{sen} \frac{\theta}{n})].[1\ (\cos k.\frac{2\pi}{n} + i \operatorname{sen} k.\frac{2\pi}{n})]$$

$$\text{e, também, } w_k = \underbrace{[\sqrt[n]{|z|}\ (\cos\frac{\theta}{n} + i \operatorname{sen} \frac{\theta}{n})]}_{A}.\underbrace{[1\ (\cos k.\frac{2\pi}{n} + i \operatorname{sen} k.\frac{2\pi}{n})]^k}_{B}$$

$w_K = A.\ B^k$ ($k = 0, 1, 2, ..., n-1$). Fazendo k variar, obtemos: $w_0 = A$, $w_1 = AB$, $w_2 = AB^2$, etc.. Verificamos, então, que as raízes formam uma PG com 1º termo $a_1 = A$ e razão $q = B$:

$PG = (w_0, w_1, w_2, ..., n-1)$

Usando as fórmulas da soma e do produto dos n primeiros termos da PG, calcule:

a) $S = w_0 + w_1 + w_2 + ... + w_{n-1}$ (soma das raízes enésimas de z).

b) $P = w_0 . w_1 . w_2 . ... w_{n-1}$ (produto das raízes enésimas de z).

Resp: **142**

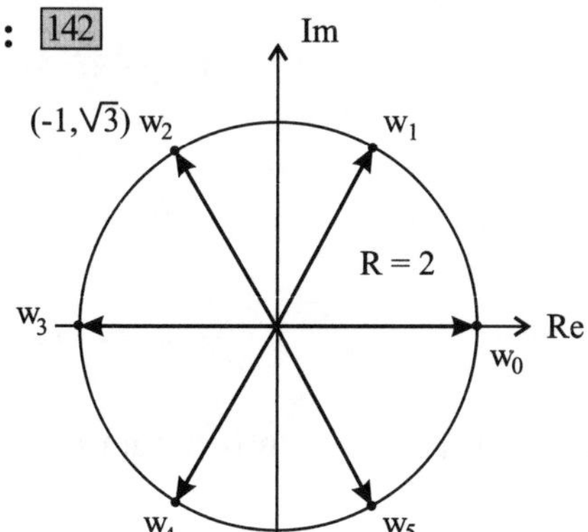

$z = (-1+i\sqrt{3})^6 = 64$

$w_0 = 2$

$w_1 = 1+i\sqrt{3}$

$w_2 = -1+i\sqrt{3}$

$w_3 = -w_0$

$w_4 = -w_1$

$w_5 = -w_2$

143

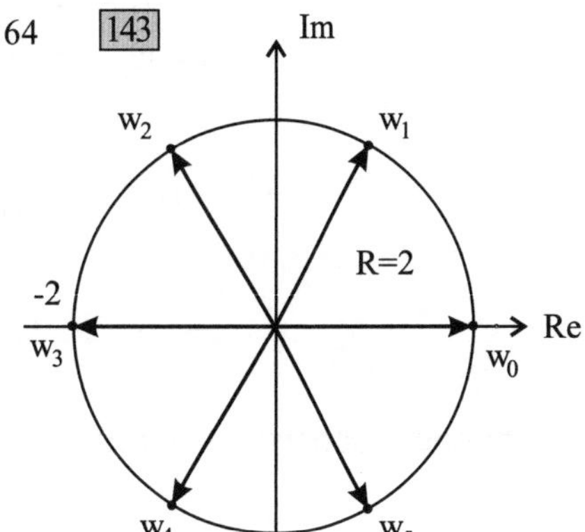

$w_0 = 2$

$w_1 = 1+i\sqrt{3}$

$w_2 = -1+i\sqrt{3}$

$w_3 = -w_0$

$w_4 = -w_1$

$w_5 = -w_2$

Fórmula de Báskara em R

Esta é a fórmula para resolução de uma equação qualquer de 2º grau:

$\mathbf{ax^2 + bx + c = 0}$ $\qquad$ $\mathbf{a, b, c, x \in R}$ e $\mathbf{a \neq 0}$

Radiciação no conjunto C

Antes de definir a radiciação em C vamos, neste livro, estabelecer uma convenção para a notação dos radicais em R e em C pretendendo facilitar a representação e o entendimento da fórmula da Báskara que tem importante diferença conceitual de um conjunto para outro.

Convenção neste livro:

radiaciação em **R** $\longrightarrow \sqrt{}$

radiciação em **C** $\longrightarrow \sqrt{}^{C}$

Definição:

$$\sqrt[n]{z}^{C} = w \iff w^n = z$$

$n \in N^*$ e $z, w \in C$

Resp: 59 a) $x = \pm 4$ b) $x = 0$ c) $\nexists$ d) $x = \pm\left(\sqrt{10} - 3\right)$ e) $\nexists x$ f) $x = \pm a$

g) $x \in R \mid -4 < x < 4$ h) $x \in R \mid x \leq -3$ ou $x \geq 3$

60 a) $S = \{\pm 3\}$ b) $S = \{\pm 10\}$ c) $S = \{\pm 2\sqrt{2}\}$ d) $S = \varnothing$ e) $S = \{\pm\sqrt{\Delta}\}$ f) $S = \left\{\pm\sqrt{\frac{c}{a}}\right\}$

142 $P = (-1, \sqrt{3})$ é o afixo de uma das raízes sextas de um número **z** $\in$ **C**. Determine **z** e, a seguir, as demais raízes sextas dele, escritas na forma algébrica.

143 (E. E. Lins - 66) Uma das raízes de ordem 6 de um número complexo é -2. Determine as outras raízes sextas desse número.

Resp: 141 $w = -\frac{\sqrt{3}}{1} - \frac{1}{2}$

$|w| = 1$ (módulo das respostas)

$\arg(w) = \frac{7\pi}{6}$ (afixo de w)

$\text{pulo} = \frac{2\pi}{4} = \frac{\pi}{2}$ (n = 4)

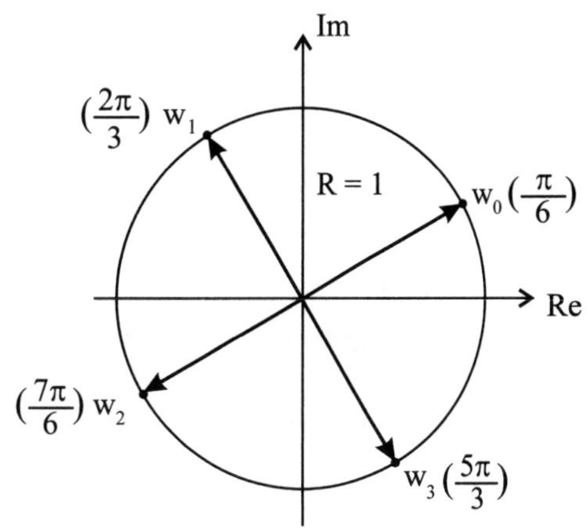

$w_0 = \frac{\sqrt{3}}{2} + \frac{1}{2}i$

$w_1 = -\frac{1}{2} + i\frac{\sqrt{3}}{2}$

$w_3 = \frac{1}{2} - i\frac{\sqrt{3}}{2}$

Obs: w_2 foi a 1ª raiz dada

61 Como você perceberá agora, a **raiz enésima de z em C*** tem sempre **n resultados**: há sempre duas raízes quadradas de $z \in C$, três raízes cúbicas, quatro raízes quartas e assim por diante. Estando atento para isto, determine, em cada caso, as raízes complexas pedidas (observe a resolução do item (a)):

a) $\sqrt{-9}^{c} = w_k \Leftrightarrow (w_2)^2 = -9 \Rightarrow \begin{cases} w_0 = 3i \text{ pois } (3i)^2 = -9 \\ w_1 = -3 \text{ pois } (-3i)^2 = -9 \end{cases}$

Observação: chamamos as raízes enésimas de $z \in C^*$ de $w_0, w_1, w_2, w_3, \ldots w_{n-1}$ (totalizando n resultados) pois essa notação facilitará estudos posteriores da radiciação de números complexos.

b) $\sqrt{16}^{c} = w_k \Rightarrow \begin{cases} w_0 = \\ w_1 = \end{cases}$

c) $\sqrt{-1}^{c} = w_k \Leftrightarrow \begin{cases} w_0 = \\ w_1 = \end{cases}$

d) $\sqrt[4]{1}^{c} = w_k \Leftrightarrow (w_k)^4 = 1 \Leftrightarrow \begin{cases} w_0 = \text{ pois } (\ )^4 = 1 \\ w_1 = \text{ pois } (\ )^4 = 1 \\ w_2 = \text{ pois } (\ )^4 = 1 \\ w_3 = \text{ pois } (\ )^4 = 1 \end{cases}$

e) $\sqrt{-64}^{c} = w_k \Leftrightarrow \begin{cases} w_0 = \\ w_1 = \end{cases}$

Observação: $\sqrt[n]{0}^{C} = 0, \quad \forall n \in N^*$

141 Sabe-se que $-\frac{\sqrt{3}}{2}-\frac{1}{2}\mathbf{i}$ é uma das raízes quartas de um número complexo z. Determine as demais raízes quartas de z utilizando a representação gráfica delas no Plano de Gauss (**sem achar z**).

$$\sqrt[4]{z}^{\,C} = w_K$$

Resp: 140 c)

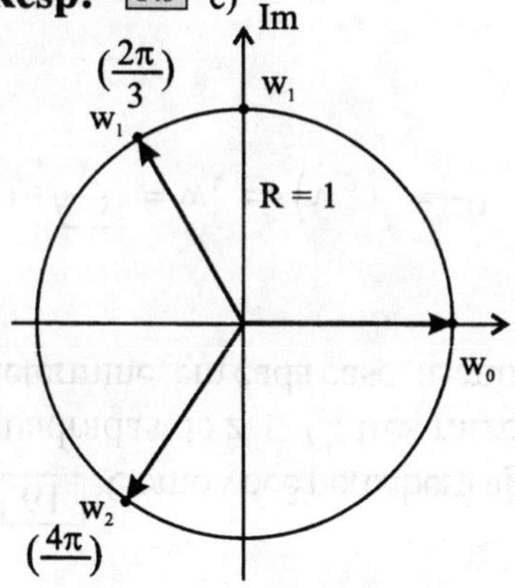

$w_0 = 1$

$w_1 = -\frac{1}{2}+i\frac{\sqrt{3}}{2}$

$w_2 = -\frac{1}{2}-i\frac{\sqrt{3}}{2}$

d)

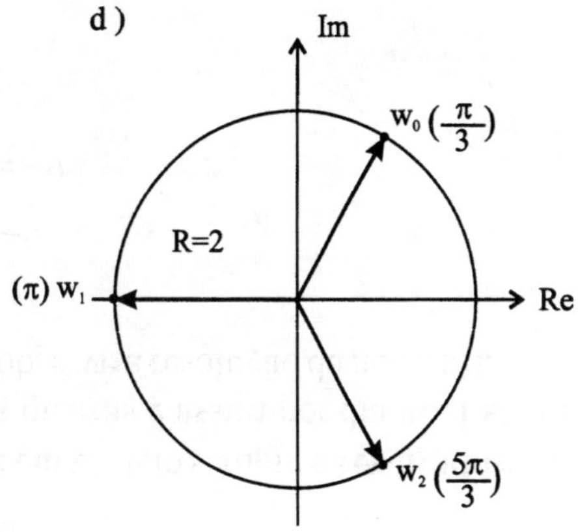

$w_0 = 1+i\sqrt{3}$

$w_1 = -2$

$w_2 = 1-i\sqrt{3}$

62 Calcule o que se pede em cada item (os resultados serão utilizados no exercício 63).

a) $(\sqrt{3})^2 =$

b) $(1+i)^2 =$

c) $(1-i)^2 =$

d) $(i\sqrt{5})^2 =$

e) $(-1-i)^2 =$

f) $(-1+i)^2 =$

g) $(-\sqrt{3})^2 =$

h) $(-i\sqrt{5})^2 =$

i) $(3)^2 =$

j) $(-3)^2 =$

k) $(5i)^2 =$

l) $(-5i)^2 =$

m) $\left(\dfrac{-1+i\sqrt{3}}{2}\right)^3 =$

n) $\left(\dfrac{-1-i\sqrt{3}}{2}\right)^3 =$

63 Observando os resultados do exercício anterior, determine, em cada caso, as raízes complexas pedidas:

a) $\sqrt{9} = w_k \begin{cases} w_0 = \\ w_1 = \end{cases}$

b) $\sqrt{3}^{c} = w_k \Leftrightarrow \begin{cases} w_0 = \\ w_1 = \end{cases}$

c) $\sqrt{-25}^{c} = w_k \begin{cases} w_0 = \\ w_1 = \end{cases}$

d) $\sqrt{-5}^{c} = w_k \Leftrightarrow \begin{cases} w_0 = \\ w_1 = \end{cases}$

e) $\sqrt{2i}^{C} = w_k \begin{cases} w_0 = \\ w_1 = \end{cases}$

f) $\sqrt{-2i}^{c} = w_k \Leftrightarrow \begin{cases} w_0 = \\ w_1 = \end{cases}$

g) $\sqrt[3]{1}^{c} = w_k \begin{cases} w_0 = \\ w_1 = \\ w_2 = \end{cases}$

h) $\sqrt[4]{16}^{c} = w_k \begin{cases} w_0 = \\ w_1 = \\ w_2 = \\ w_3 = \end{cases}$

Resp: 61 a) $w_0 = 3i,\ w_1 = -3i$ b) $w_0 = 4,\ w_1 = -4$ c) $w_0 = i,\ w_1 = -i$

d) $w_0 = 1,\ w_1 = i,\ w_2 = -1,\ w_3 = -i$ e) $w_0 = 8i,\ w_1 = -8i$

140 c) $\sqrt[3]{1}^{C} = w_K\ (w_0, w_1, w_2)$

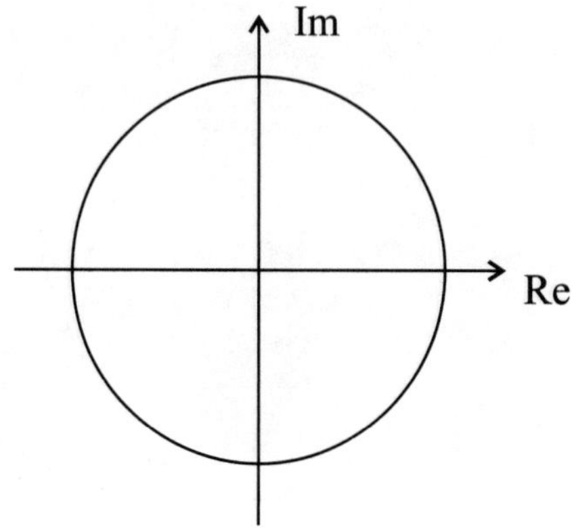

d) $\sqrt[3]{-8}^{C} = w_K\ (w_0, w_1, w_2)$

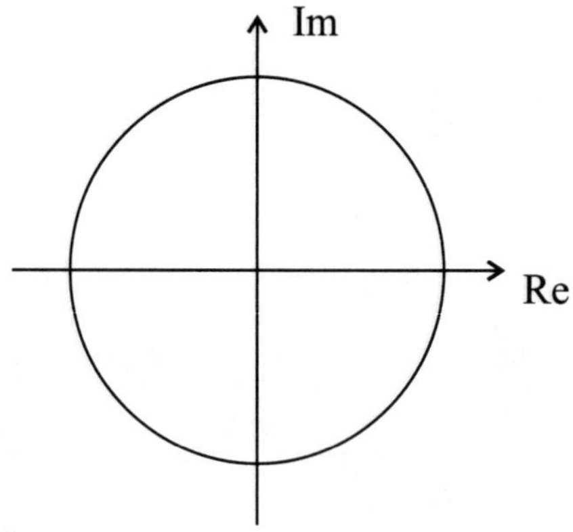

Resp: 140 a)

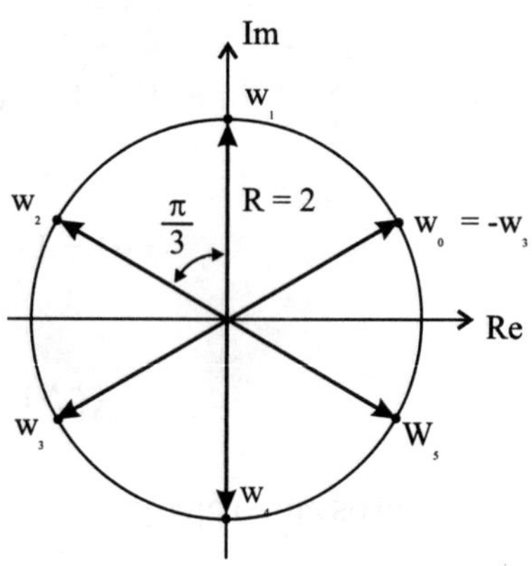

$w_0 = \sqrt{3} + i$

$w_1 = 2i$

$w_2 = -\sqrt{3} + i$

$w_3 = -\sqrt{3} - i$

$w_4 = -2i$

$w_5 = \sqrt{3} - i$

b)

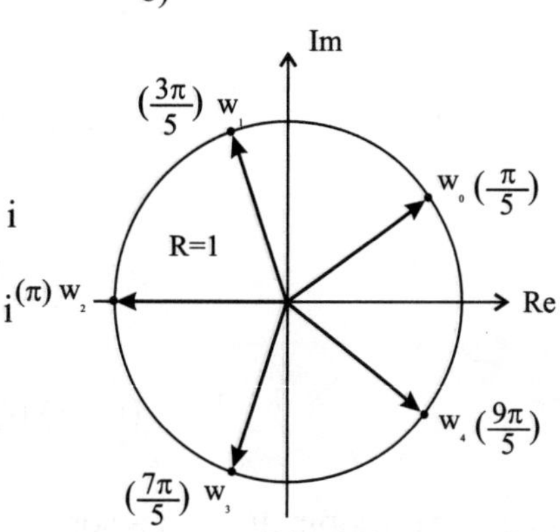

$\frac{\pi}{5} \longleftrightarrow 36^o$

$w_0 = 1\,(\cos\frac{\pi}{5} + i\,\text{sen}\,\frac{\pi}{5})$

$w_1 = 1\,(\cos\frac{3\pi}{5} + i\,\text{sen}\,\frac{3\pi}{5})$

$w_2 = 1\,(\cos\pi + i\,\text{sen}\,\pi) = -1$

$w_3 = 1\,(\cos\frac{7\pi}{5} + i\,\text{sen}\,\frac{7\pi}{5})$

$w_4 = 1\,(\cos\frac{9\pi}{5} + i\,\text{sen}\,\frac{9\pi}{5})$

64 As equações da forma **$ax^n + b = 0$** ($a \neq 0$) são chamadas de **equações binômias**. Observando a resolução do item (a), resolva as seguintes equações binômias em C:

Lembre-se: $\sqrt[n]{z}^{c} = w \Leftrightarrow w^n = z$

a) $3x^2 + 48 = 0 \Leftrightarrow 3x^2 = -48 \Leftrightarrow \mathbf{x^2 = -16} \Leftrightarrow$

$x = \sqrt{-16}^{c} = w_k \Leftrightarrow w_0 = 4i, w_1 = -4i \Rightarrow S = \{\pm 4i\}$

b) $5x^2 + 5 = 0$

c) $-2x^2 + 72 = 0$

d) $x^3 - 1 = 0$

e) $ax^4 - a = 0$ ($a \in C^*$)

Observação: note que o número de soluções de cada equação é sempre igual ao grau desta.

Resp: 62 a) 3 b) 2i c) – 2i d) –5 e) 2i f) – 2i g) 3

h) –5 i) 9 j) 9 k) – 25 l) – 25 m) 1 n) 1

63 a) $\{\pm 3\}$ b) $\{\pm\sqrt{3}\}$ c) $\{\pm 5i\}$ d) $\{\pm\sqrt{5i}\}$ e) $\{\pm(1+i)\}$

f) $\{\pm(1+i)\}$ g) $\left\{1, \frac{-1+i\sqrt{3}}{2}, \frac{-1-\sqrt{3}}{2}\right\}$ h) $\{\pm 2, \pm 2i\}$

140 Determine as raízes que se pede em cada item e represente-as graficamente no Plano de Gauss:

a) $\sqrt[6]{-64}^{\,C} = w_K\,(w_0, w_1, w_2, w_3, w_4, w_5)$

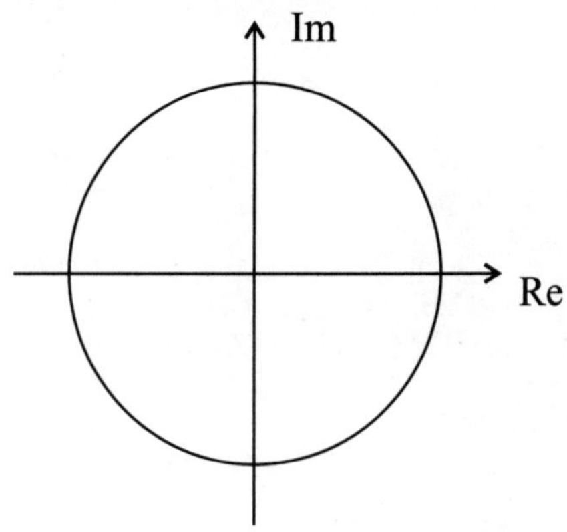

b) $\sqrt[5]{-1}^{\,C} = w_K\ (w_0, w_1, w_2, w_3, w_4)$ (dê, neste item, as **respostas na forma trigonométrica**)

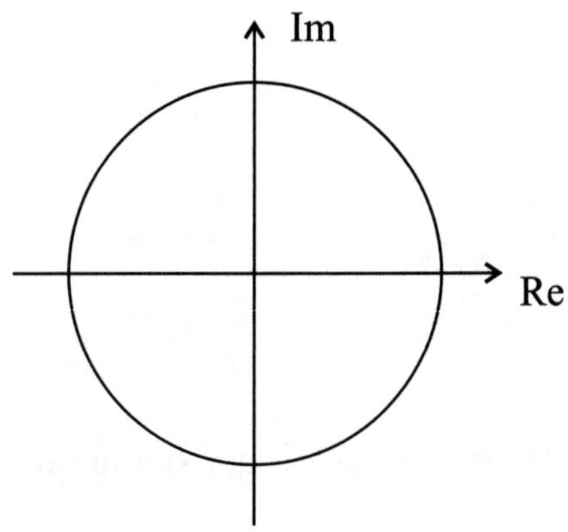

Fórmula de Báskara em C

$$az^2 + bz + c = 0 \qquad (a, b, c, z \in C \text{ e } a \neq 0)$$

65 Resolva as seguintes equações do 2º grau em C.

Use a fórmula de **Báskara** apenas nas **equações completas**:

a) $z^2 + 4iz - 3 = 0$

b) $2z^2 - 3z + 1 = 0$

c) $z^2 - 3iz = 0$

d) $3z^2 + 6i = 0$
(veja o exercício 63(f))

e) $(1 - i)z^2 - 2 - 2i = 0$
(veja o exercício 63 (e))

f) $iz^2 - 6z = 0$

Resp: 64 a) $S = \{\pm 4i\}$ b) $S = \{\pm i\}$ c) $S = \{\pm 6\}$ d) $S = \left\{1, \frac{-1 + i\sqrt{3}}{2}, \frac{-1 - i\sqrt{3}}{2}\right\}$ e) $S = \{\pm 1, \pm i\}$

Propriedades da radiciação em C

$$\sqrt[n]{z}^{C} = w_k = \sqrt[n]{|z|}.\left[\cos\left(\frac{\theta}{n} + k.\frac{2\pi}{n}\right) + i\,\text{sen}\left(\frac{\theta}{n} + k.\frac{2\pi}{n}\right)\right] \quad (k = 0, 1, 2, 3, ..., n - 1)$$

n → índice da raiz.
z → radicando.
w_K → raiz enésima de z.

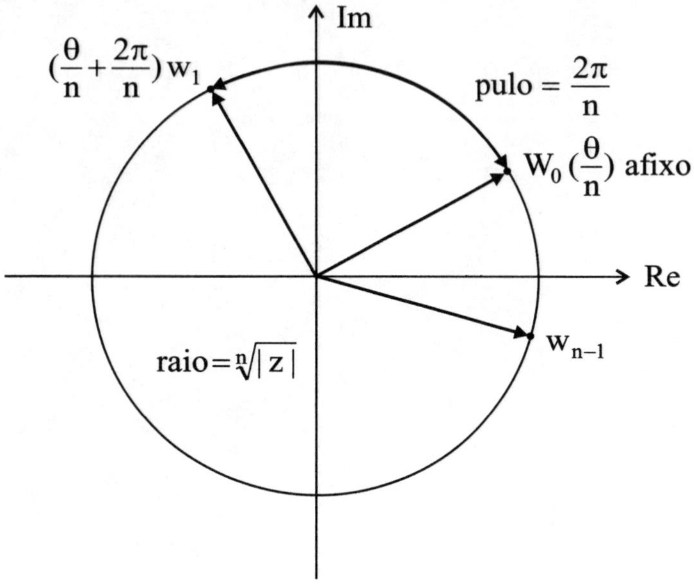

1ª) A raiz enésima de z tem sempre **n resultados**: $w_0, w_1, w_2, ..., w_{n-1}$, todos com mesmo módulo $\sqrt[n]{|z|}$.
2ª) Os afixos dessas n raízes estão todos sobre uma mesma circunferência com centro na origem (0, 0) e raio = $\sqrt[n]{|z|}$, dividindo-a em n partes iguais.

3ª) Os argumentos das respostas formam uma PA com primeiro termo $a_1 = \frac{\theta}{n}$ e razão $r = \frac{2\pi}{n}$:

$PA = (\theta_0, \theta_1, \theta_2, ..., \theta_{n-1})$.
4ª) A soma das raízes enésimas de z é, **sempre** , zero.

$S = w_0 + w_1 + w_2 + ... + w_{n-1} = 0$

5ª) O produto das raízes depende de n:

Se n é par → $P = w_0 . w_1 . w_2 . ... . w_{n-1}$
Se n é ímpar → $P = w_0 . w_1 . w_2 . ... . w_{n-1} = z$ onde **z é o radicando**.

6º) Em particular, temos: $\sqrt{z}^{C} = w_k \begin{cases} w^0 = a + bi \\ w_1 = -a - bi \end{cases}$ ou seja $\sqrt{z}^{C} = \pm\ (a + bi)$

Resp: 138 raio = 1

$w_0 = i$

$w_1 = -\frac{\sqrt{3}}{2} - \frac{i}{2}$

$w_2 = \frac{\sqrt{3}}{2} - \frac{i}{2}$

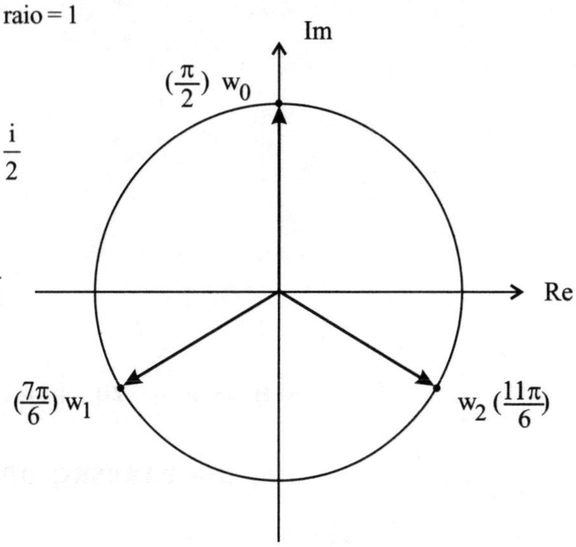

139 (137) $w_0 + w_1 + w_2 + w_3 = 0$
(138) $w_0 + w_1 + w_2 = 0$

(137) $w_0 . w_1 . w_2 . w_3 = 8 + 8\sqrt{3}i$
(138) $w_0 . w_1 . w_2 = -i$

Obs: $8 + 8\sqrt{3}i$ é o simétrico do radicando do exercício 137.
– i é o radicando do exercício 138.

66 Determine as raízes quadradas do número $z = 3 - 4i$.

Resolução: $\sqrt{3-4i}^{C} = w \iff w^2 = 3-4i$ (por definição). Veja, agora, a resolução do exercício 47.

Observação: Neste livro, mais à frente, estudaremos outro método (na forma trigonométrica) para determinar as raízes complexas de z.

67 (MAPOFEI - 75) Determinar as raízes quadradas do número complexo $z = 5 - 12i$.

68 Resolva as seguintes equações do 2º grau em C **por fatoração** (veja a resolução do item (a)):

a) $z^2 + z - 12 = 0 \quad \left.\begin{matrix}\text{soma} = 1\\ \text{produto} = 12\end{matrix}\right\} \Rightarrow (z+4)(z-3) = 0 \Rightarrow \begin{cases} z+4=0 \Rightarrow z=-4 \\ \text{ou} \\ z-3=0 \Rightarrow z=3 \end{cases} \Rightarrow S=\{-4,3\}$

b) $z^2 + (3-2i)z - 6i = 0$

c) $z^2 - 3iz - 2 = 0$

Resp: **65** a) $S = \{-i, -3i\}$ b) $S = \left\{1, \frac{1}{2}\right\}$ c) $S = \{0, 3i\}$

d) $S = \{1-i, -1+i\}$ e) $S = \{1+i, -1-i\}$ f) $S = \{0, -6i\}$

138 Determine as raízes cúbicas de **$z = -i$** e represente–as no Plano de Gauss.

$\sqrt[3]{-i}^{\,C} = w_k\,(w_0, w_1, w_2)$ **$n = 3$** e **$z = -i$**

$w_k = \sqrt[3]{|z|}\,[\cos(\frac{\theta}{3} + k.\frac{2\pi}{3}) + i\,\text{sen}(\frac{\theta}{3} + k.\frac{2\pi}{3})]$

$\begin{cases} |z| = \\ \theta = \end{cases}$

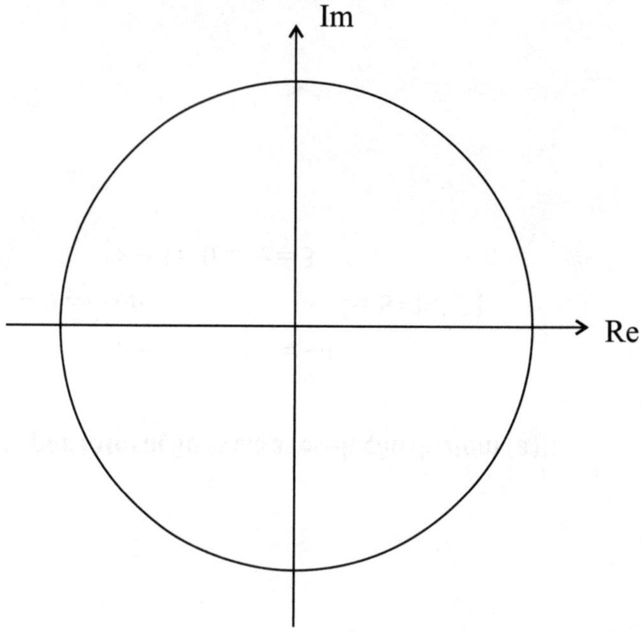

139 a) Calcule (na forma algébrica) a soma das raízes enésimas de z obtidas nos dois exercícios anteriores.

Exercício 137 : $w_0 + w_1 + w_2 + w_3 =$

Exercício 138 : $w_0 + w_1 + w_2 =$

b) Calcule (na forma trigonométrica e, depois, passe para a forma algébrica) o produto das raízes enésimas de z obtidas nos dois exercícios anteriores.

Exercício 137 : $w_0 \cdot w_1 \cdot w_2 \cdot w_3 =$

Exercício 138 : $w_0 \cdot w_1 \cdot w_2 =$

69 Usando a Fórmula de Báskara em C e os resultados dos exercícios 66 e 67, resolva as seguintes equações do 2º grau:

Lembre-se : $az^2 + bz + c = 0 \quad \Leftrightarrow \quad z \quad \dfrac{-b + \sqrt{\Delta}^{C}}{2a}$ e $\Delta = b^2 - 4ac$

a) $z^2 - \sqrt{3z} + i = 0$

b) $iz^2 + (1 + i)z + \dfrac{14 + 5i}{4} = 0$

70 (MAPOFEI - 71)

a) Calcular as raízes quadradas do número complexo 2i.

b) Determinar as raízes da equação $z^2 - (3 + 5i)z - 4 + 7i = 0$

Resp: **66** $w_0 = 2 - i$, $w_1 = -2 + i$ **67** $w_0 = 3 - 2i$, $w_1 = -3 + 2i$

68 a) $S = \{-4, 3\}$ b) $S = \{-3, 2i\}$ c) $S = \{i, 2i\}$

137 a) Determine as raízes quartas do número complexo $z = -8 - 8\sqrt{3}i$.
b) Represente graficamente no Plano de Gauss essas quatro raízes encontradas.

$\sqrt[4]{z}^{C} = w_K \ (w_0, w_1, w_2, w_3)$ $\mathbf{n = 4}$ e $\mathbf{z = -8} - 8\sqrt{3}i$

$z = -8 - 8\sqrt{3}i$

$|z| = \sqrt{a^2 + b^2} =$

$$\left.\begin{array}{l} \cos = \dfrac{a}{|z|} = \\ \text{sen} = \dfrac{b}{|z|} = \end{array}\right\} \theta =$$

Substituindo na 2º Fórmula de Moivre, temos:

$w_k = \sqrt[n]{|z|} \ [\cos(\frac{\theta}{n} + k.\frac{2\pi}{n}) \ \ i\,\text{sen}(\frac{\theta}{n} + k.\frac{2\pi}{n})]$

$k = 0 \Rightarrow w_0 =$

$k = 1 \Rightarrow w_1 =$

$k = 2 \Rightarrow w_2 =$

$k = 3 \Rightarrow w_3 =$

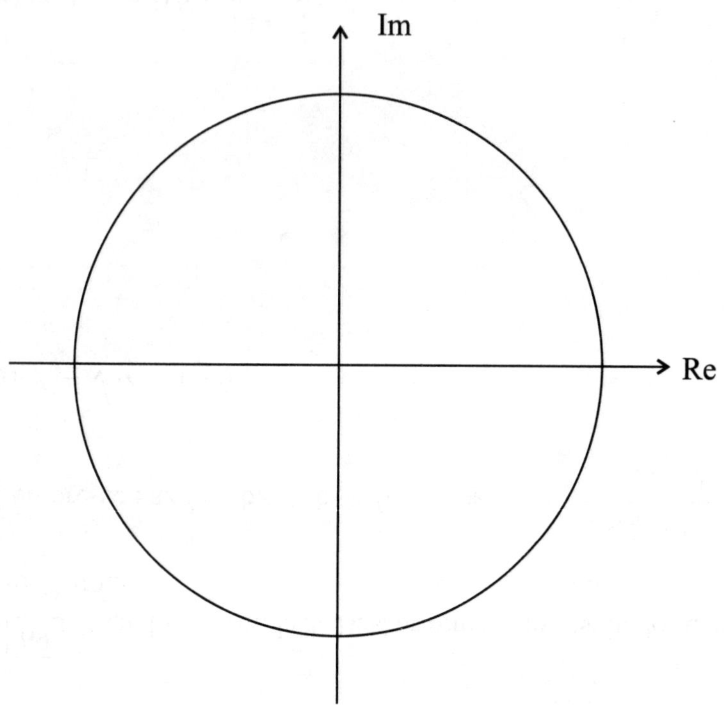

Módulo de um número complexo

Observe as figuras da página 29 (módulo de um número real). Estendendo a interpretação geométrica do módulo de um número real para os números complexos, no Plano Argando - Gauss, teremos:

$$\mathbf{z = a + bi} = (a, b) = P = \text{afixo de } z \ (\mathbf{a, b} \in \mathbf{R})$$

módulo de z = $|z| = d_{OP}$ = distância de P até a origem O do sistema.

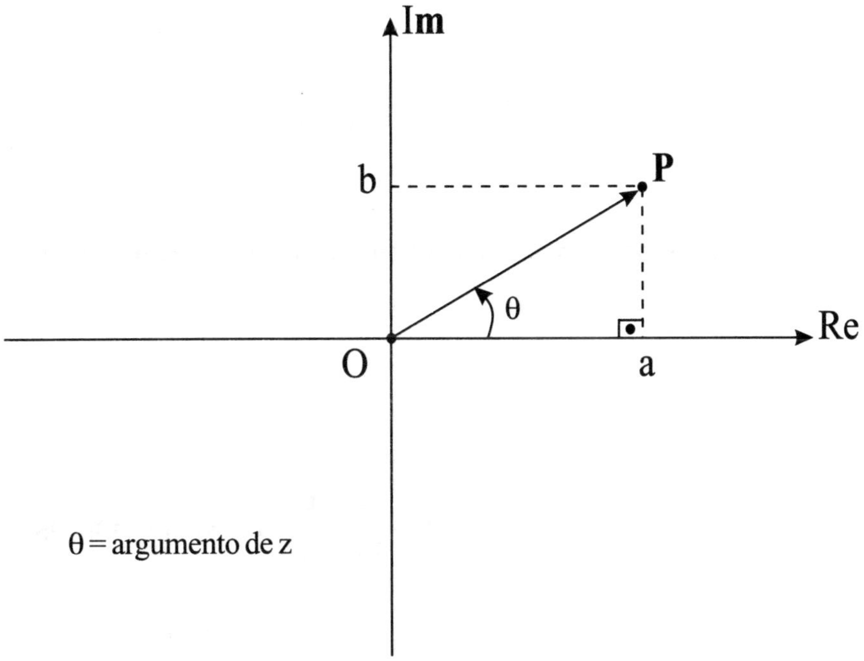

Aplicando o Teorema de Pitágoras ao triângulo retângulo da figura, temos:

$(d_{OP})^2 = a^2 + b^2$

$\Rightarrow d_{OP} = \sqrt{a^2 + b^2}$

Isto nos leva à seguinte

Definição:

$z = a + bi$ $(a, b \in R)$	$\Rightarrow$	$\lvert z\rvert = \sqrt{a^2 + b^2}$

Propriedades do módulo em C

1ª) $|z| \in R+$

2ª) $|z| = |\overline{z}|$

3ª) $z . \overline{z} = |z|^2$

4ª) $|z . w| = |z| . |w|$

5ª) $\left|\dfrac{z}{w}\right| = \dfrac{|z|}{|w|} (w \neq 0)$

6ª) $|z^n| = |z|^n, n \in Z$

7ª) $|z + w| \leq |z| + |w|$ (soma de vetores no plano)

Resp: 69 a) $S = \left\{\dfrac{\sqrt{3}+2-i}{2}, \dfrac{\sqrt{3}-2+i}{2}\right\}$ b) $S = \left\{\dfrac{-3-2i}{2}, \dfrac{1+4i}{2}\right\}$ 70 a) $\pm(1+i)$ b) $S = \{2+3i, 1+2i\}$

Radiciação no conjunto C

Determinemos as raízes enésimas ($n \in N$) ($n \geq 2$) de $z = a + bi = |z|(\cos\theta + i\ \text{sen}\,\theta)$.
Seja $w_K = |w_K|(\cos\alpha + i\ \text{sen}\ \alpha)$ o resultado procurado.
Por definição (ver página 31), temos:

$$\sqrt[n]{z}^{\,C} = w_k \iff (w_K)^n = z$$

$$[|w_K|(\cos\alpha + i\ \text{sen}\ \alpha)]^n = |z|(\cos\theta + i\,\text{sen}\theta)$$

Usando a 1ª Fórmula de Moivre, temos:

$$|w_K|^n(\cos n\alpha + i\ \text{sen}\ n\alpha) = |z|(\cos\theta + i\ \text{sen}\theta).$$

Dois números complexos são iguais se, e somente se, têm módulos iguais e argumentos côngruos, portanto:

$$(0 \leq \alpha < 2\pi)$$

$$\begin{cases} |w_K|^n = |z| & \Rightarrow \quad |w_K| = \sqrt[n]{|z|} \quad \text{(número real positivo)} \\ e & \\ n\alpha = \theta + k.2\pi & \Rightarrow \quad \alpha = \dfrac{\theta}{n} + k.\dfrac{2\pi}{n} \end{cases}$$

$(k \in Z)$

Se $k = -1 \Rightarrow \alpha = \dfrac{\theta}{n} - \dfrac{2\pi}{n} < 0$

Se $k = 0 \Rightarrow \alpha = \dfrac{\theta}{n}$

Se $k = n \Rightarrow \alpha = \dfrac{\theta}{n} + 2\pi$ que é o côngruo de $\dfrac{\theta}{n}$, e isso nos leva a atribuir a **k** os valores

$$k = 0, 1, 2, 3, ..., n - 1$$

Resumindo, temos:

$$\sqrt[n]{z}^{\,C} = w_K = \sqrt[n]{|z|}\ \left[\cos\left(\frac{\theta}{n} + k.\frac{2\pi}{n}\right) + i\,\text{sen}\left(\frac{\theta}{n} + k.\frac{2\pi}{n}\right)\right]$$

onde $k = 0, 1, 2, ..., n - 1$

Esta é chamada de **2ª Fórmula de De Moivre**

Resp: 135 $\cos 3\theta = 4\cos^3\theta - 3\cos\theta \quad \text{sen}3\theta = 3\,\text{sen}\theta - 4\,\text{sen}^3\theta$ 136 c

71 Usando a definição, calcule o módulo dos seguintes números complexos (Lembre-se: módulo é sempre um número real não negativo $|z| \geq 0$).

a) $z = 4 + 3i \Rightarrow |z|\ \ \sqrt{4^2 + 3^2} = \sqrt{25} = 5$ (raiz quadrada em R)

b) $z = 1 - 2i \Rightarrow |z| =$

c) $z = 1 + i \Rightarrow |z| =$

d) $z = 2\sqrt{2} - i \Rightarrow |z| =$

e) $z = -2i = 0 - 2i$ (imaginário puro) $\Rightarrow |z| =$

f) $z = -6 = -6 + 0i$ (número real) $\Rightarrow |z| =$

g) $z = -2 - 2i \Rightarrow |z| =$

h) $z = i = 0 + 1i \Rightarrow |z| =$

i) $z = \pi = \pi + 0i \Rightarrow |z| =$

j) $z = (1 - \sqrt{2})i \Rightarrow |z| =$

k) $z = \sqrt{15} - 4 \Rightarrow |z| =$

l) $z = i \cos x \ (\forall x \in R) \Rightarrow |z| =$

72 **Apenas observando a figura abaixo**, dê o módulo dos números complexos nela indicados.

Lembre-se : $|z| =$ **comprimento do vetor OP** (real não negativo)

$\ell\sqrt{2}$ = comprimento da diagonal do quadrado de lado l.

vetor horizontal = número real

vetor vertical = número imaginário puro

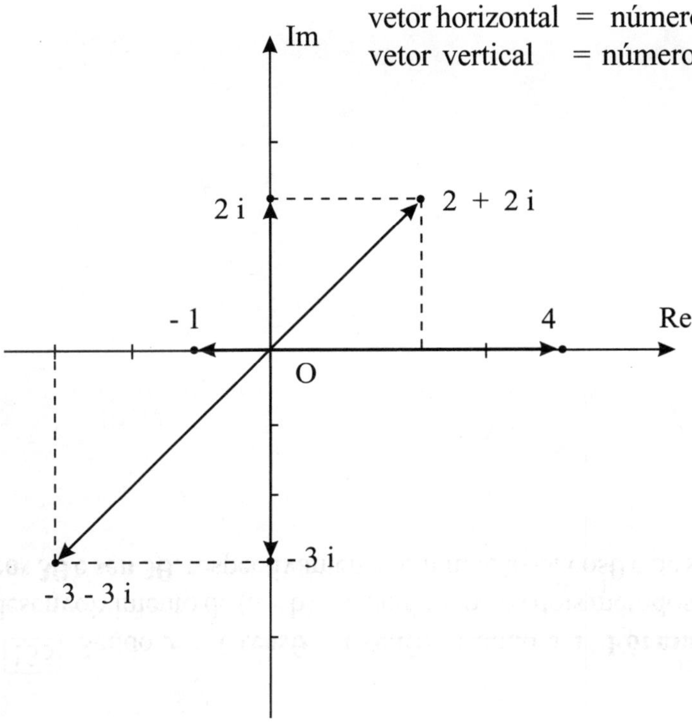

a) $z = 2i = (0, 2) \Rightarrow |z| =$

b) $z = 4 = (4, 0) \Rightarrow |z| =$

c) $z = -1 = (-1, 0) \Rightarrow |z| =$

d) $z = -3i = (0, -3) \Rightarrow |z| =$

e) $z = 2 + 2i = (2, 2) \Rightarrow |z| =$

f) $z = -3 - 3i = (-3, -3) \Rightarrow |z| =$

135 Sendo **$z = 1\,(\cos\theta + i\,\text{sen}\theta)$**, usando a **1ª Fórmula de De Moivre** e a **Fórmula de Newton** (para desenvolvimento de $(a + b)^n$) calcule z^3 pelos dois métodos citados e, após confrontar os resultados, determine **$\cos 3\theta$** e **$\text{sen}\, 3\theta$**, respectivamente, em função de $\cos\theta$ e de $\text{sen}\theta$.

136 (CESCEM - 74) As funções hiperbólicas **cosh z** e **sinh z** são definidas como $\cosh z = \frac{e^z + e^{-z}}{2}$ e $\sinh z = \frac{e^z - e^{-z}}{2}$ onde $z = x + yi$ e $e^{x+yi} = e^x(\cos y + i \sin y)$. Nestas condições, podemos dizer que **cosh z** é igual a:

a) $\sinh x \,.\, \sin y \cosh x \,.\, \cos y$
b) $\sinh x \,.\, \cos y + i \cosh x \,.\, \sin y$
c) $\cosh x \,.\, \cos y + i \sinh x \,.\, \sin y$
d) $\cosh x \,.\, \sin y + i \sinh x \,.\, \cos y$
e) $\cosh x \,.\, \sin x + i \sin x \,.\, \cos y$

Resp: **133** c (n = ..., − 6 , 6 , 18, ...)   **134** c (n = ..., − 6, 0, 6, 12, ...)

73 Calcule, em cada caso, o módulo de z.

Sugestão importante: utilize as propriedades do módulo de z ∈ C (ver página 38).

a) $z=\left(\frac{2+3i}{2-3i}\right)^{10} \Rightarrow |z|=\left|\left(\frac{2+3i}{2-3i}\right)^{10}\right|=\left|\frac{2+3i}{2-3i}\right|^{10}=\left(\frac{|2+3i|}{|2-3i|}\right)^{10}$ mas, como $|w|=|\overline{w}|$, temos:

$|z|=\left(\frac{|w|}{|\overline{w}|}\right)^{10}=1^{10}=1$

b) $z=(1+2i)(3-i) \Rightarrow |z|=$

c) $z=\frac{1-5i}{5-i}$

d) $z=(1+i)^6$

e) $z^2=6-8i$

f) $z=\left(\frac{5+6i}{5-6i}\right)^{8}(-8-6i)$

g) $z=\frac{(1+i)^{55}.(1-i)^{122}}{(2-3i)^3.(2+i)^2}$

Resp: **71** a) 5 b) $\sqrt{5}$ c) $\sqrt{2}$ d) 3 e) 2 f) 6

g) $2\sqrt{2}$ h) 1 i) π j) $\sqrt{2}-1$ k) $4-\sqrt{15}$ l) $|\cos x|$

72 a) 2 b) 4 c) 1 d) 3 e) $2\sqrt{2}$ f) $3\sqrt{2}$

133 (CESGRANRIO - 82) O menor número inteiro n > 0 de modo que $\left(\frac{\sqrt{3}}{2}+\frac{1}{2}i\right)^n$ seja **real e negativo** é:

a) 2 b) 3 c) 6 d) 8 e) 12

134 (SANTA CASA - 80) O menor valor de **n** , n inteiro e positivo, para o qual $y^n = (2+2\sqrt{3}i)^n$ é real e positivo é: (Observação: $i = \sqrt{-1}$)

a) 3 b) 12 c) 6 d) 9 e) n.d.a.

Resp: **132** a) $\arg(w) = \frac{\pi}{2} + \theta$ b) $\arg(w) = \theta - \frac{3\pi}{2}$ c) $\arg(w) = \frac{\pi}{4} + 2\theta$

d) $\arg(w) = \frac{3\pi}{2} - \theta$ e) $\arg(w) = \frac{11\pi}{6} + \theta$ f) $\arg(w) = 3\theta - \frac{4\pi}{3}$

74 Lembrando que $1 + tg^2x = sec^2\ x\ (x \in \mathbf{R} \mid x \neq \frac{\pi}{2} + k\pi,\ k \in Z)$ calcule $|\,z\,|$:

a) $z = 1 + i\,tgx$

b) $z = \dfrac{1}{tgx + i}$

75 Represente graficamente no Plano Argand - Gauss **o lugar geométrico (L.G.) dos afixos de z** que satisfazem à propriedade definida em cada item:

a) $Re(z) = 2$

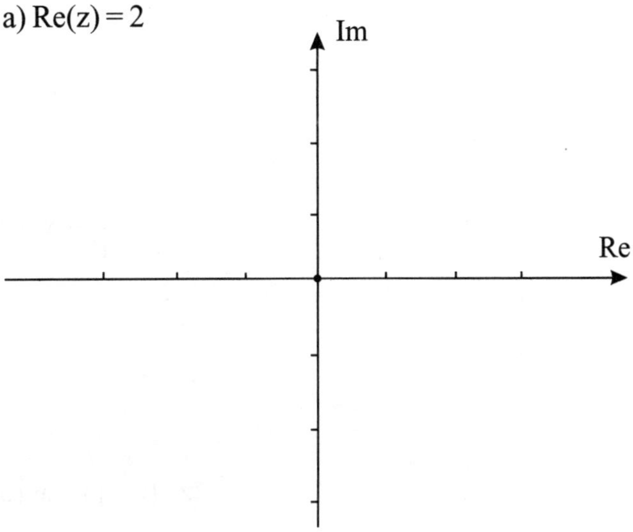

b) $Im(z) = -3$

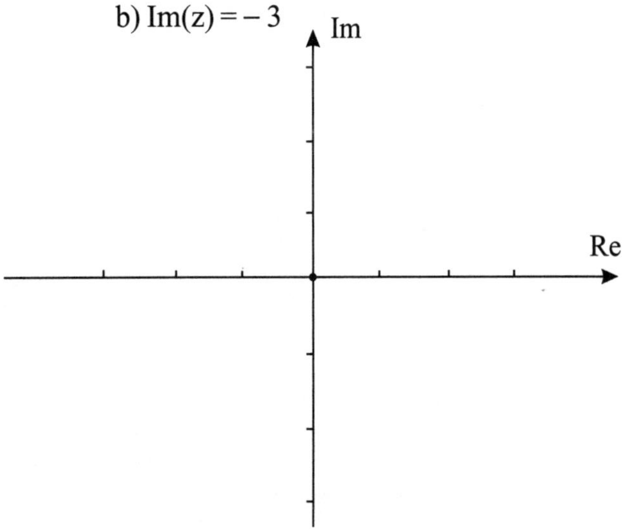

c) $Re(z) \leq 1$

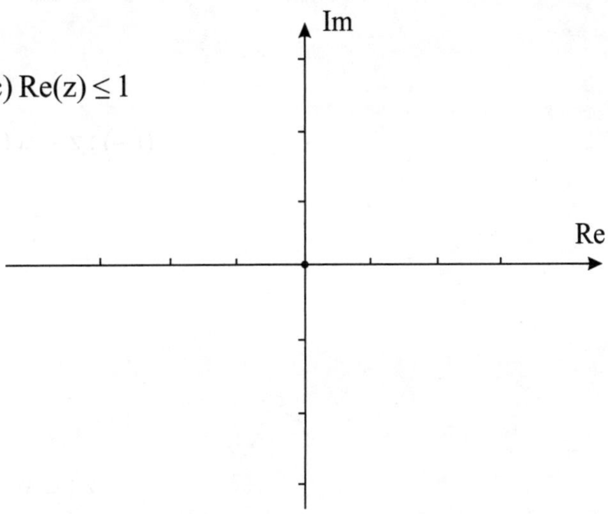

d) $-1 < Im(z) \leq 2$

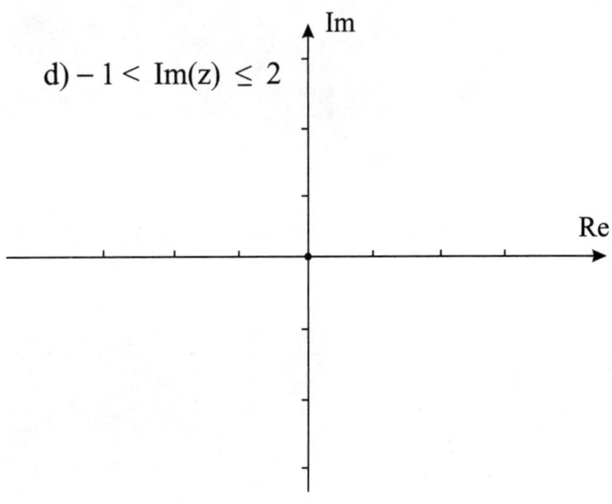

Resp: 73 a) 1 b) $5\sqrt{2}$ c) 1 d) 8 e) $\sqrt{10}$ f) 10 g) $\dfrac{2^{88}\sqrt{26}}{845}$

132 Sabendo que **z** é um número complexo com **argumento** θ $(0 \le \theta < 2\pi)$, determine, em função de θ, os argumentos dos seguintes números:

a) $w = i\,z$

b) $w = z : (-i)$

c) $w = (1 + i) \cdot z^2$

d) $w = \dfrac{(1-i)^2}{z}$

e) $w = \left(\dfrac{\sqrt{3}-i}{2}\right) \cdot z$

f) $w = \dfrac{z^3}{-1-i\sqrt{3}}$

Resp: **130** a) 2 b) -2

131 a) $e^2(\cos\frac{\pi}{6} + i\,\text{sen}\frac{\pi}{6}) = \frac{e^2}{2}(\sqrt{3}+i)$ b) $e^0(\cos\pi + i\,\text{sen}\,\pi) = -1 \Rightarrow \mathbf{e^{\pi i} + 1 = 0}$

c) $e^0(\cos\frac{3\pi}{2} + i\,\text{sen}\frac{3\pi}{2}) = -1$ d) $2(\cos\frac{2\pi}{3} + i\,\text{sen}\frac{2\pi}{3}) = -1 + i\sqrt{3}$

76 Represente graficamente no plano complexo o lugar geométrico do afixos dos números complexos z tais que:

Sugestão: substitua z por x + yi (x, y ∈ **R**).

a) $|z| = 2$

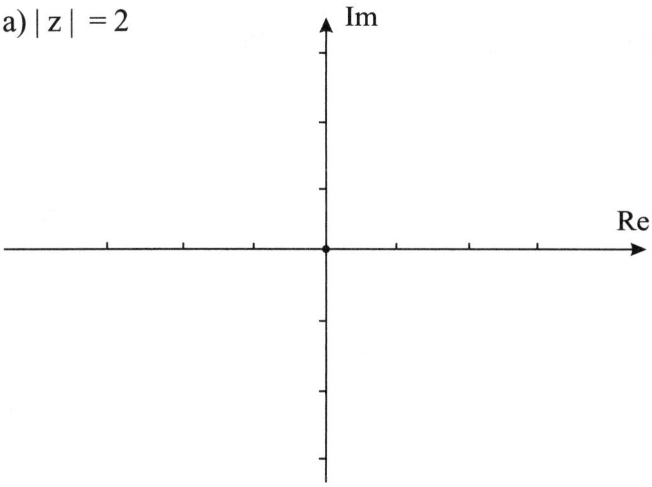

b) $|z - i| = |z + 2i|$

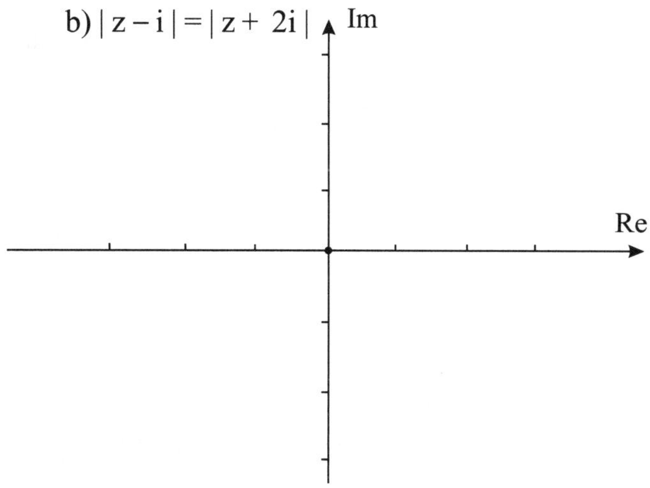

c) $z = \alpha(1 + i),\ \alpha \in R$

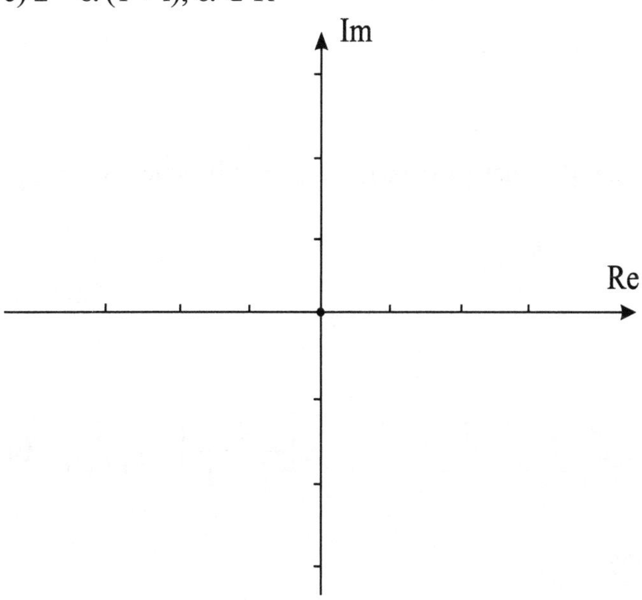

d) $z = \alpha(2 + i) + 3i,\ \alpha \in R$

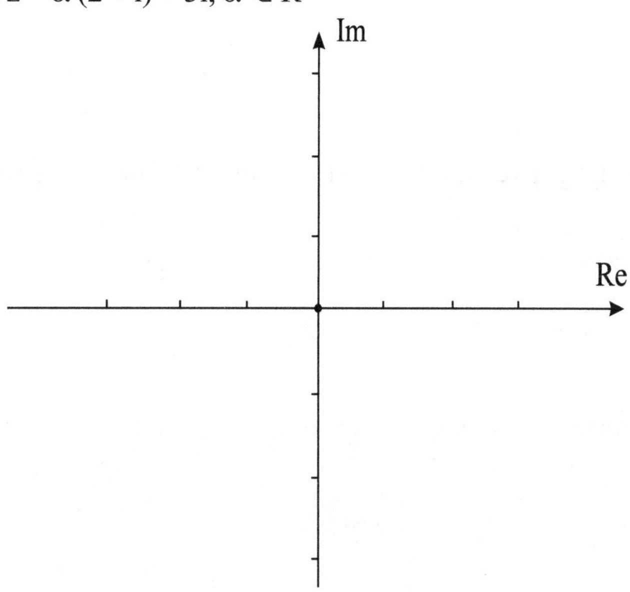

Resp: 74 a) $|z| = |\sec x|$ b) $|z| = |\cos x|$

75 a)

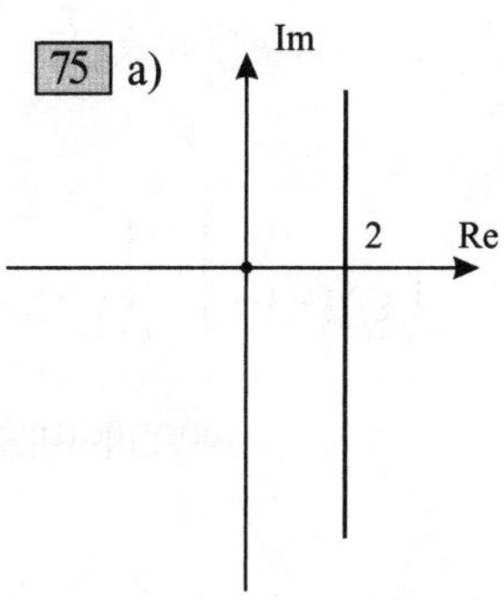

b)

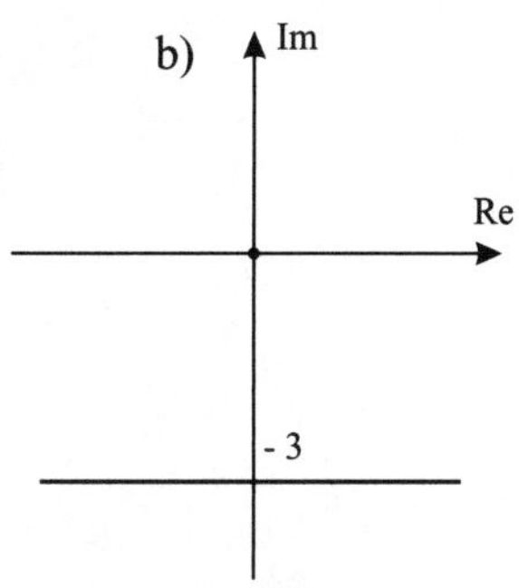

c)

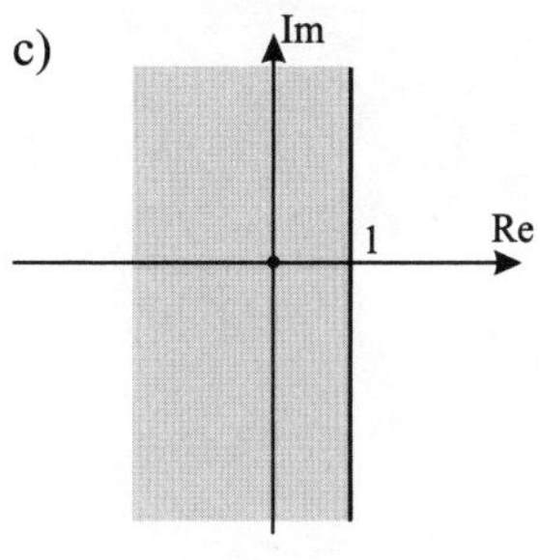

d)

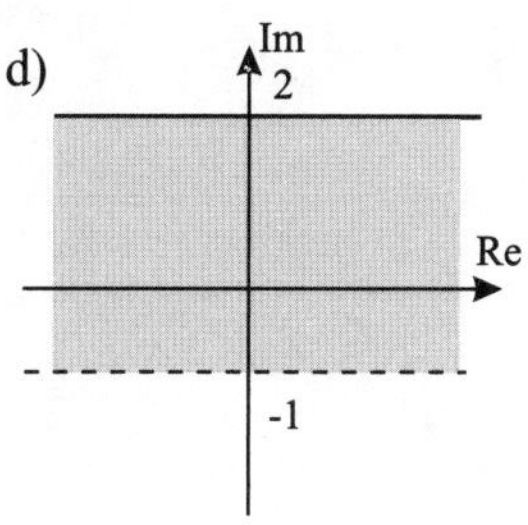

130 Simplifique:

a) $\left(\frac{-1+i\sqrt{3}}{2}\right)^6 + \left(\frac{-1-i\sqrt{3}}{2}\right)^6$

b) $\left(\frac{\sqrt{3}+i}{2}\right)^6 + \left(\frac{i-\sqrt{3}}{2}\right)^6$

131 Sabendo que $\mathbf{e^{a+bi} = e^a (\cos b + i \operatorname{sen} b)}$ **(Fórmula de Euler)** e que $e = \lim_{x \to \infty} \left(1+\frac{1}{x}\right)^x$ (número de Euler) calcule:

a) $e^{2+\frac{\pi}{6}i}$

b) $e^{\pi i} = e^{0+\pi i}$

c) $e^{\frac{11\pi}{2}i}$

d) $e^{\ln 2+\frac{2\pi}{3}i}$ (Observação: $\ln x = \log_e^x$ = logaritmo neperiano de x)

Resp: **129** a) $\cos \pi + i \operatorname{sen} \pi = -1$ b) $z^4 = 2^2 (\cos \pi + i \operatorname{sen} \pi) = -4$ $z^{-24} = 2^{-12} (\cos 0 + i \operatorname{sen} 0) = 2^{-12}$

$z^{10} = 2^5 \left(\cos\frac{\pi}{2} + i \operatorname{sen}\frac{\pi}{2}\right) = 32i$ c) $16 (\cos 270^\circ + i \operatorname{sen} 270^\circ) = -16i$ d) $2^5[\cos(-\pi) + i \operatorname{sen}(-\pi)] = -32$

77 Represente graficamente no Plano de Gauss o lugar geométrico dos afixos dos números complexos **$z = x + yi$ ($x, y \in \mathbb{R}$)** tais que:

a) $| z | \leq 3$

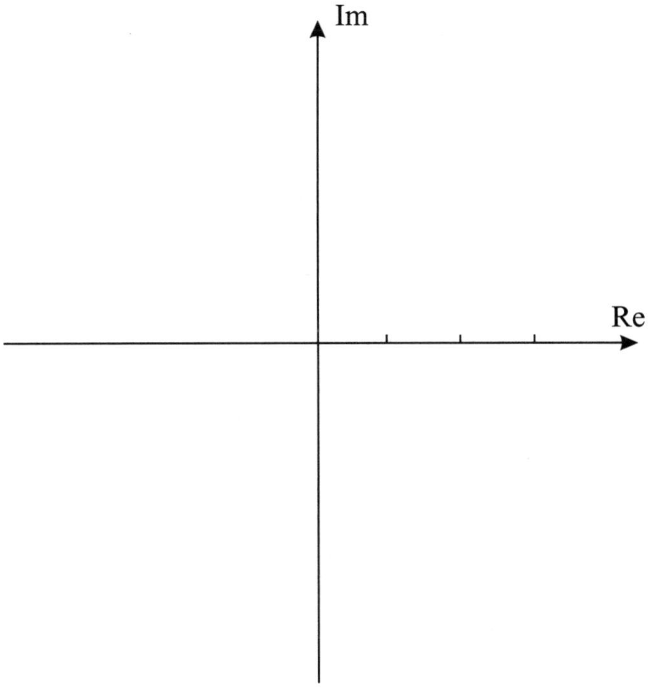

b) $1 < | z | \leq 2$

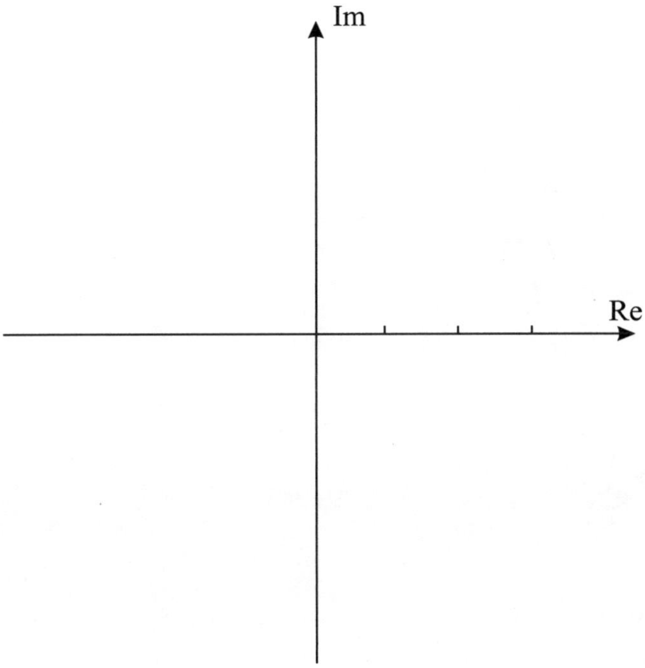

Resp: 76

a)

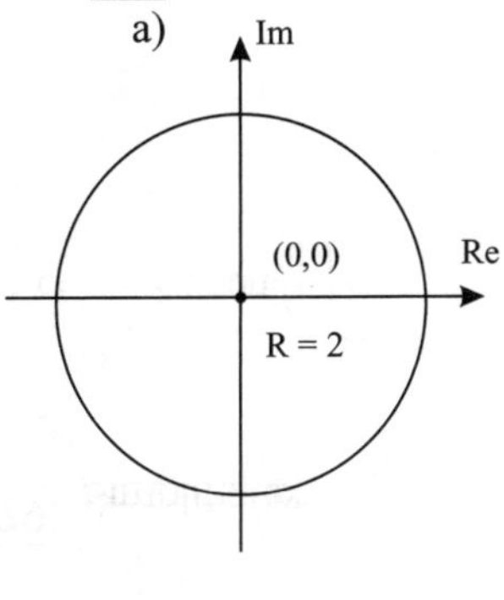

b)

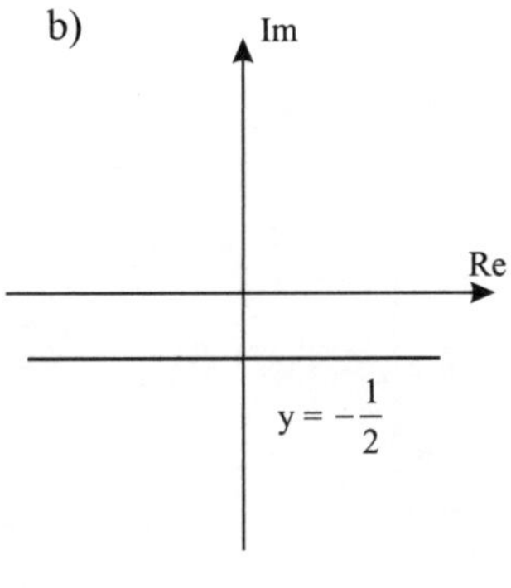

c)

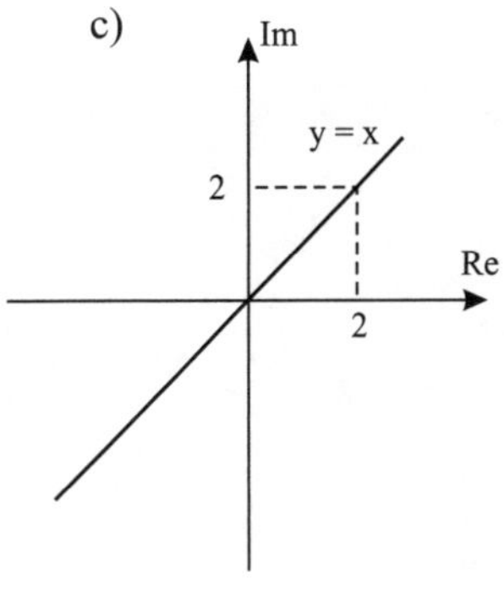

d)

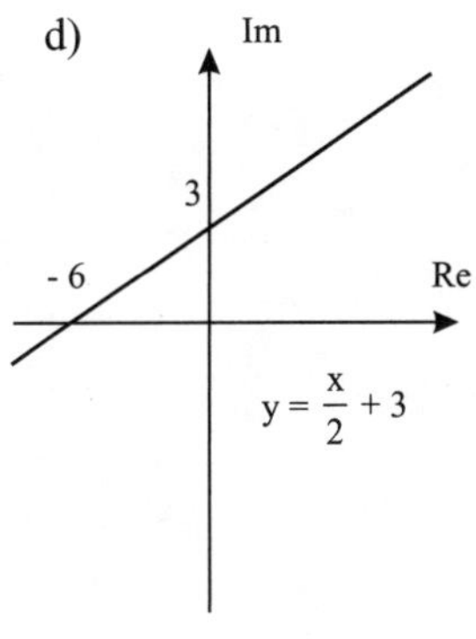

129 Simplifique:

a) $\left(\cos\frac{\pi}{3}+i\,\text{sen}\frac{\pi}{4}\right)^{15}$

b) Se $z=\sqrt{2}\left(\cos\frac{\pi}{3}+i\,\text{sen}\frac{\pi}{4}\right)$ então

$z^{4}=$

$z^{-24}=$

$z^{10}=$

c) $\left[\sqrt{2}\,(\cos 78°45' + i\,\text{sen}\,78°\,45')\right]^{8}=$

d) $\dfrac{(-1+i\sqrt{3})^{15}}{(-1-i)^{20}}=$

Resp: 128 a) $z^{31}=2^{15}\sqrt{2}(\cos\frac{3\pi}{4}+i\,\text{sen}\frac{3\pi}{4})=2^{15}(-1+i)$ b) $z^{-49}=1\,(\cos\frac{5\pi}{6}+i\,\text{sen}\,\frac{5\pi}{6})=\frac{-\sqrt{3}+i}{2}$

c) $z^{8}=1(\cos\frac{4\pi}{3}+i\,\text{sen}\frac{4\pi}{3})=\frac{-1-i\sqrt{3}}{2}$ d) $z^{-197}=2^{-197}(\cos\frac{11\pi}{6}+i\,\text{sen}\frac{11\pi}{6})=2^{-198}(\sqrt{3}-i)$

77 c) $|z - 1 - 2i| = 3$

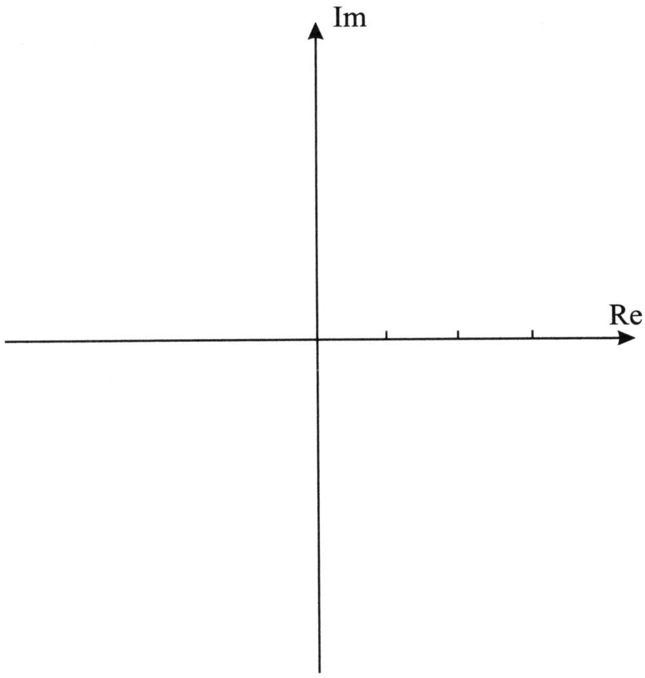

d) $|z + 1| \leq 2$

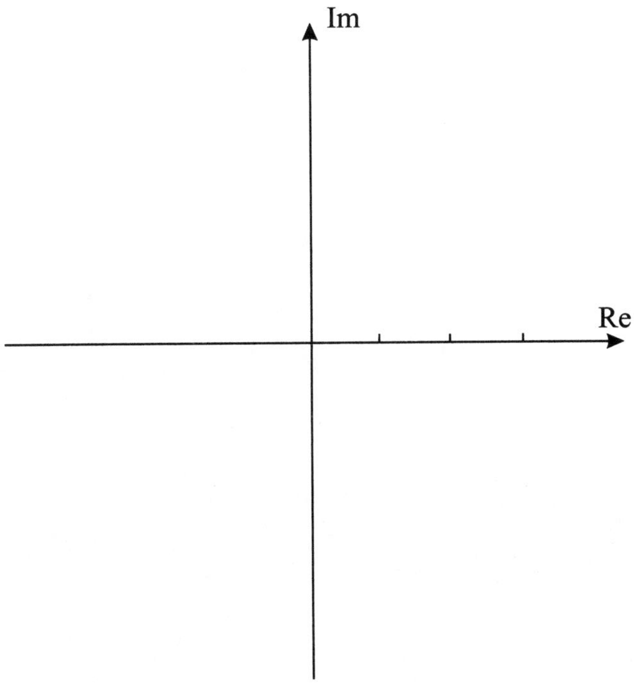

Resp: **77** a)

$x^2 + y^2 \leq 9$

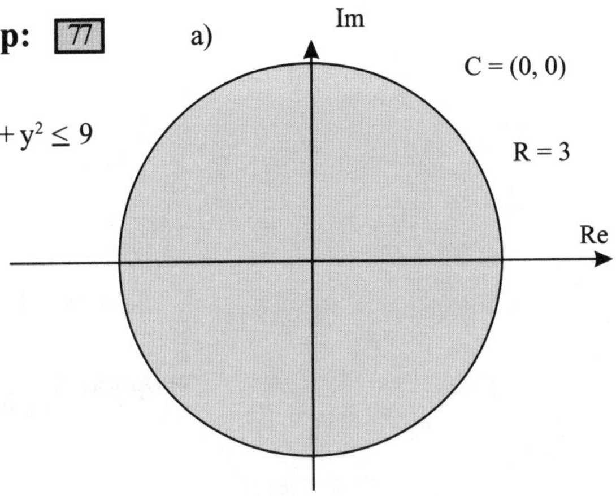

b)

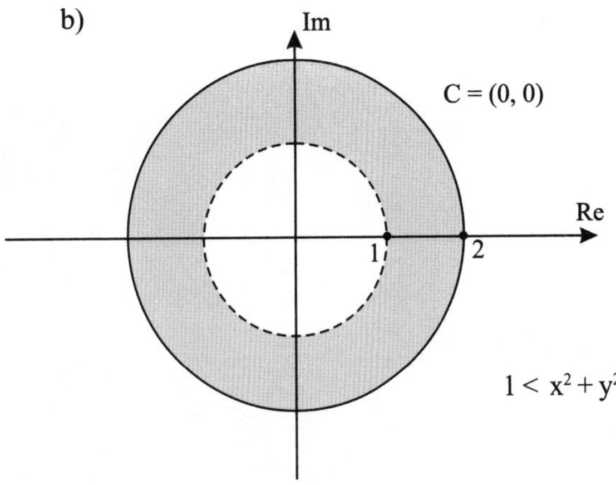

$1 < x^2 + y^2 \leq 4$

128 Simplifique:

a) $(-1 - i)^{31} =$

b) $\left(\frac{-\sqrt{3} - i}{2}\right)^{-49}$

c) $\left(\frac{1 - i\sqrt{3}}{2}\right)^{8} =$

d) $(-\sqrt{3} + i)^{-197} =$

Resp: **127** a) $z^{59} = 2^{59}(\cos\frac{\pi}{6} + i\,\text{sen}\frac{\pi}{6}) = 2^{58}(\sqrt{3} + i)$

b) $z^{90} = 2^{45}(\cos\frac{3\pi}{2} + i\,\text{sen}\,\frac{3\pi}{2}) = -2^{45}i$

c) $-2^{45}i$

d) $z^{6} = 1\,(\cos 0 + i\,\text{sen}\,0) = 1$

77 e) $|z-1| + |z+1| = 6$

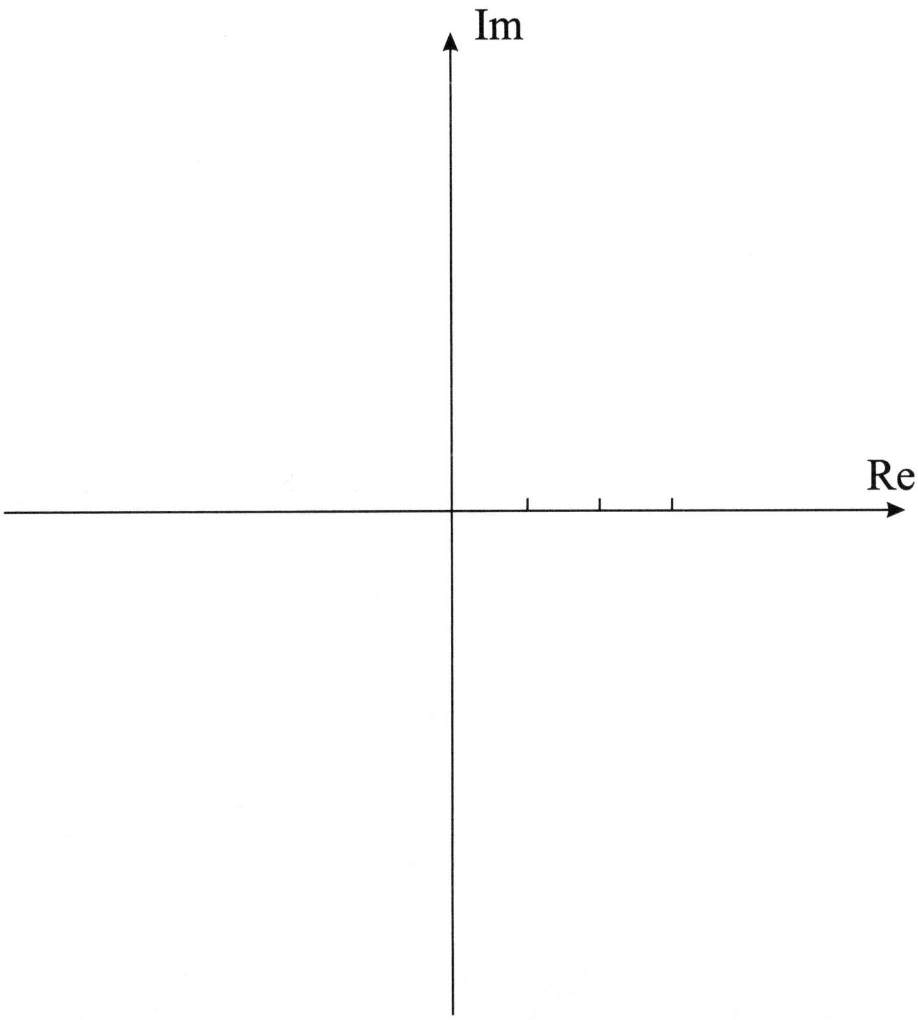

Resp: 77 c)

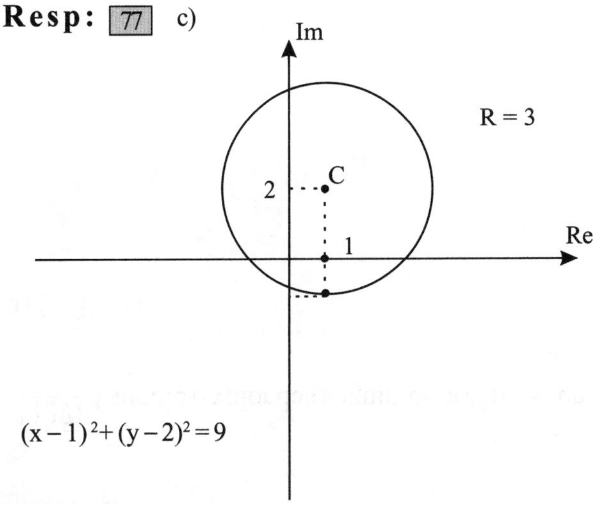

d)

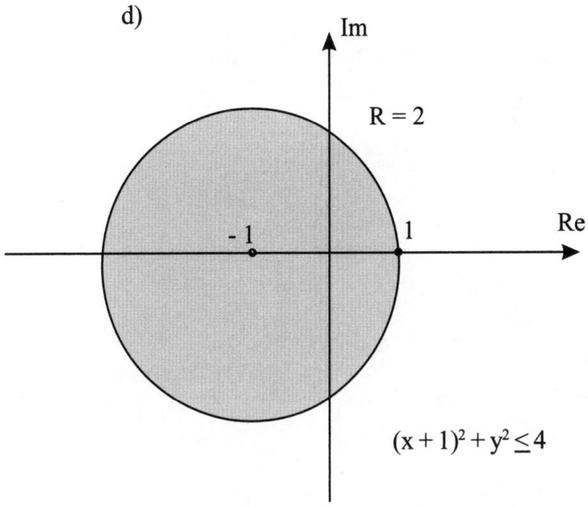

127 Calcule o valor das seguintes potências em C:

a) $(\sqrt{3} - i)^{59}$

b) $(-1 + i)^{90}$

c) $(-1 + i)^{90}$ (Refaça este exercício usando o método que aparece no exercíco 23)

d) $\left(\dfrac{-1-i\sqrt{3}}{2}\right)^{6}$

Resp: **126** a) $z^{124} = 2^{124}(\cos\frac{4\pi}{3}\ \ i\,\text{sen}\frac{4\pi}{3}) = 2^{123}(-1-i\sqrt{3})$ b) $z^{49} = 1(\cos\frac{7\pi}{6} + i\,\text{sen}\frac{7\pi}{6}) = -\frac{\sqrt{3}}{2} - \frac{1}{2}i$

78 a) Represente no Plano de Gauss o conjunto dos afixos dos números complexos $\mathbf{z = x + yi\ (x, y \in R)}$ tais que $|z - 25i| \leq 15$.

b) Dentre os números complexos que satisfazem à condição acima, determine aquele cujo afixo tem maior abscissa.

c) Determine aquele cujo afixo está mais próximo da origem.

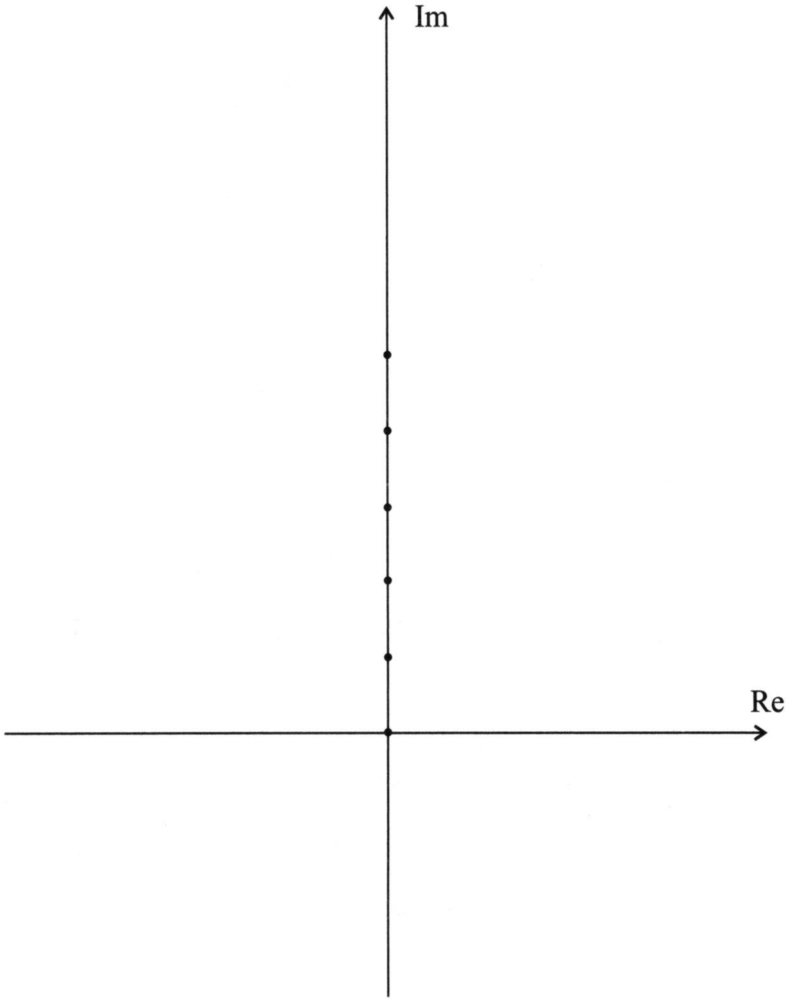

Resp: 77 e)

elipse de equação

$$\frac{x^2}{9}+\frac{y^2}{8}=1$$

$a=3$

$b=2\sqrt{2}$

$c=1$

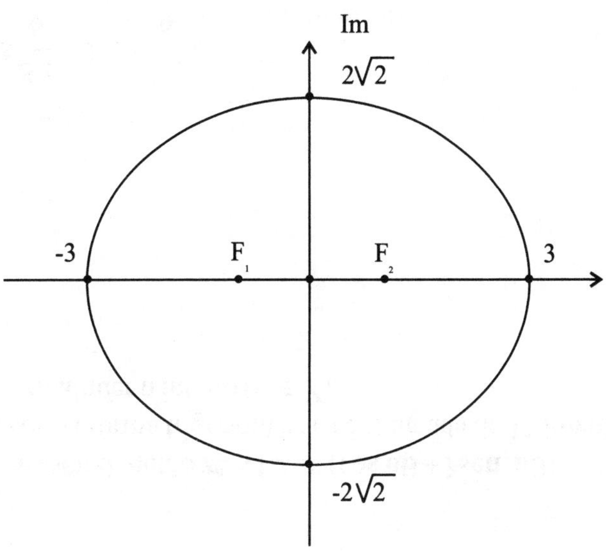

126 À página 67 vimos que se $z = |z|(\cos\theta + i \operatorname{sen}\theta)$ então $\mathbf{z^n = |z|^n (\cos n\theta + i \operatorname{sen} n\theta)}$, $n \in N^*$. Esta fórmula usada na potenciação de números complexos na forma trigonométrica é chamada de **1ª Fórmula de De Moivre**. É fácil demonstrar-se que ela é válida para qualquer n inteiro ($n \in Z$).
Usando a fórmula acima, efetue:

a) $(-\sqrt{3}+i)^{124} \Rightarrow z = -\sqrt{3}+i$ e $n = 124$

Resolução: $\mathbf{z = -\sqrt{3}+i} \Rightarrow |z| = \sqrt{(-\sqrt{3})^2+1^2} = 2$

$$\left.\begin{array}{l}\cos\theta = \dfrac{a}{|z|} = \dfrac{-\sqrt{3}}{2} \\ \operatorname{sen}\theta = \dfrac{b}{|z|} = \dfrac{1}{2}\end{array}\right\} \Rightarrow \theta = \frac{5\pi}{6} \Rightarrow \mathbf{z = 2(\cos\frac{5\pi}{6} + i \operatorname{sen}\frac{5\pi}{6})}$$

$\Rightarrow z^{124} = 2^{124}(\cos 124.\frac{5\pi}{6} + i \operatorname{sen} 124.\frac{5\pi}{6})$. Vamos, então, achar a 1ª determinação positiva do arco

$$a = \overset{62}{\cancel{124}}.\frac{5\pi}{\underset{3}{\cancel{6}}} = \frac{310\pi}{3}$$

$$\begin{array}{l|l} 310 & 3 \\ \hline 01 & 103 \\ 10 & \\ 1 & \end{array} \Rightarrow \mathbf{a} = (\underbrace{102}_{51.\,2\pi}+1+\frac{1}{3})\pi \Rightarrow \mathbf{a_0} = \pi + \frac{\pi}{3} = \mathbf{\frac{4\pi}{3}}$$

$$\Rightarrow z^{124} = 2^{124}(\cos\frac{4\pi}{3} + i \operatorname{sen}\frac{4\pi}{3}) = 2^{124}(-\frac{1}{2} - i\frac{\sqrt{3}}{2}) = 2^{124}.\frac{1}{2}(-1-i\sqrt{3})$$

$$\Rightarrow \mathbf{z^{124} = 2^{123}(-1-i\sqrt{3})}$$

b) $(-\frac{\sqrt{3}}{2} - \frac{1}{2}i)^{49}$

Resp: **124** a) $a_0 = \frac{5\pi}{6}$ b) $a_0 = \frac{\pi}{2}$ c) $a_0 = \frac{5\pi}{3}$

125 a) $a_0 = \frac{7\pi}{4}$ b) $a_0 = \frac{5\pi}{6}$ c) $a_0 = \frac{\pi}{2}$

d) $a_0 = \frac{5\pi}{3}$ e) $a_0 = \frac{5\pi}{6}$ f) $a_0 = \frac{4\pi}{3}$

79 Resolver as seguintes equações em C:

Lembre-se: nas equações resolvidas em **R**, quando se eleva os dois membros ao quadrado, é necessário verificar as respostas encontradas (esta verificação é feita, sempre, na equação inicial dada).

a) (MACK - 73) $|z| + z = 2 + i$

(Reveja o exercício 47)

b) (Santa Casa - 80) $w^2 + |w| = 0$

Resp: 78

C = (0,25)
R = 15

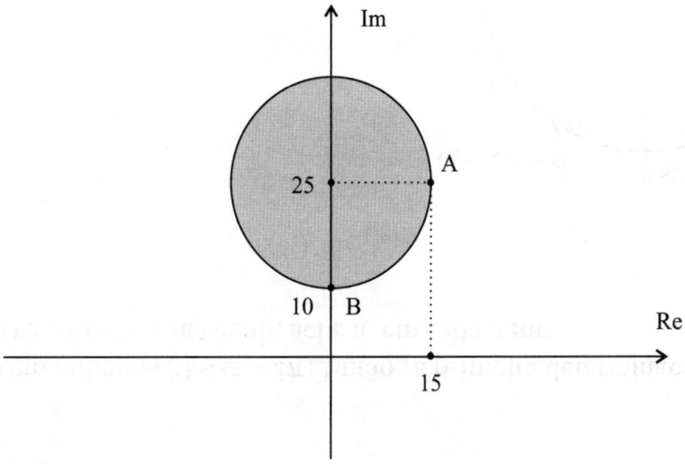

b) A = (15, 25)
z = 15 + 25i

c) B = (0,10)
z = 10i

124 Seja $\boldsymbol{\alpha}$ um arco em radianos $(0 < \alpha < 2\pi)$.Então , a primeira determinação positiva (a_0) do arco $\mathbf{a} = -\alpha$ será $\mathbf{a_0 = 2\pi - \alpha}$. Observe a figura e , a seguir, ache a_0 em cada item:

a) $a = -\dfrac{7\pi}{6} \Rightarrow a_0 =$

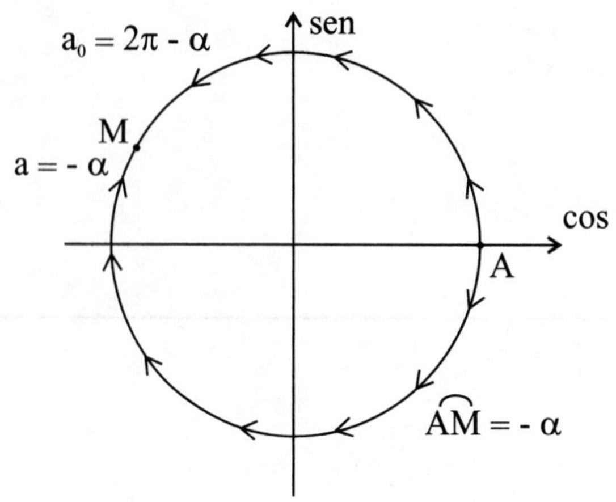

b) $a = -\dfrac{3\pi}{2} \Rightarrow a_0 =$

c) $a = -\dfrac{\pi}{3} \Rightarrow a_0 =$

125 Ache a 1ª determinação positiva $(0 \le a_0 < 2\pi)$ dos seguintes arcos:

a) $a = \dfrac{47\pi}{4}$

b) $a = \dfrac{89\pi}{6}$

c) $a = -\dfrac{19\pi}{2}$

d) $a = -\dfrac{13\pi}{3}$

e) $a = -\dfrac{31\pi}{6}$

f) $a = \dfrac{310\pi}{3}$

Resp: **122** a) $4\frac{1}{2} + 4 + \frac{1}{2}$ b) $5\frac{2}{3} = 5 + \frac{2}{3}$ c) $7\frac{1}{6} = 7 + \frac{1}{6}$

123 a) $a_0 = \dfrac{\pi}{2}$ b) $a_0 = \dfrac{5\pi}{3}$ c) $a_0 = \dfrac{7\pi}{6}$

80 Resolva, em C, a equação:

$|z| + z - 2 - 12i = 2\bar{z}$

81 (MACK - 81) Resolva o seguinte sistema de equações, em C:

$$\begin{cases} |z| = 2 \\ |z - i| = 1 \end{cases}$$

82 (MACK - 74) Se o número complexo $z = a + bi$ $(a, b \in \mathbf{R})$ é tal que $\left|\dfrac{z - i}{z - 1}\right| = 1$, então:

a) $a = -b$ b) $a = b$ c) $a = 2b$ d) $a = 3b^2$ e) $a = -7b$

Resp: **79** a) $S = \left\{\dfrac{3}{4} + i\right\}$ b) $S = \{0, i, -i\}$

122 Extrair a parte inteira das seguintes frações impróprias (observe o item (a)):

a) $\frac{9}{2}$ $\quad 9 \;\underline{|\,2}$, quociente 4, resto 1 $\Rightarrow \frac{9}{2} = \mathbf{4} + \frac{1}{2} = 4\frac{1}{2}$

↖ parte inteira

b) $\frac{17}{3}$

c) $\frac{43}{6}$

123 Ache a 1ª determinação positiva dos seguintes arcos (observe os itens (a) e (b)):

a) $a = \frac{9\pi}{2} = \left(\frac{9}{2}\right)\pi$ (veja o exercício 122 (a))

$$a = \left(4 + \frac{1}{2}\right)\pi = 4\pi + \frac{\mathbf{1}}{\mathbf{2}}\pi \Rightarrow \mathbf{a_0} = \frac{\pi}{\mathbf{2}}$$

b) $a = \frac{17\pi}{3} = \left(\frac{17}{3}\right)\pi$ (veja o exercício 122 (b))

$$a = \left(5 + \frac{2}{3}\right)\pi = 5\pi + \frac{2}{3}\pi = \underset{\uparrow}{4\pi} + \mathbf{1\pi} + \frac{\mathbf{2}}{\mathbf{3}}\pi \Rightarrow a_0 = \pi + \frac{2\pi}{3} = \frac{\mathbf{5\pi}}{\mathbf{3}}$$

$4\pi = 2.\ 2\pi = 2$ voltas inteiras

$2.\ 2\pi = 2$ voltas

c) $a = \frac{43\pi}{6} = \left(\frac{43}{6}\right)\pi$

Resp: **120** a) $a_0 = 120°$ $\quad a_2 = 840°$ $\quad a_{-1} = -240°$

b) $a_0 = \frac{5\pi}{6}$ $\quad a_{-1} = -\frac{7\pi}{6}$ $\quad a_{-2} = -\frac{19}{6}\pi$

121 a) $a_0 = 150°$ b) $a_0 = 250°$ c) $a_0 = 135°$ d) $a_0 = 30°$

Exercícios Gerais

83 Determine **x, y** $\in \mathbb{R}$ tais que $z = 3 + x^2yi$ **e** $w = x^2 + y + 4i$ sejam números complexos conjugados.

84 Determinar o lugar geométrico dos afixos dos números $z = x + yi$ $(x, y \in \mathbb{R})$ tais que os afixos de **z**, **iz** e $\overline{\mathbf{z}}$ estejam alinhados.

85 (POLI - 65) Calcular $\dfrac{(1+i)^8}{(1-i)^7}$

Resp: 80 $S = \{3 + 4i\}$ 81 $S = \{2i\}$ 82 alternativa b

120 Ache as determinações (que são pedidas em cada item) dos seguintes **arcos trigonométricos**:

a) $a_K = 120° + k.\ 360°\ (k \in Z)$

$k = 0 \Rightarrow$ primeira determinação positiva $= a_0 =$

$k = 2 \Rightarrow$ terceira determinação positiva $= a_2 =$

$k = -1 \Rightarrow$ primeira determinação negativa $= a_{-1} =$

b) $a_k = \frac{5\pi}{6} + k.2\pi\ (k \in Z)$

$k = 0 \Rightarrow$ primeira determinação positiva $= a_0 =$

$k = -1 \Rightarrow$ primeira determinação negativa $= a_{-1} =$

$k = -2 \Rightarrow$ segunda determinação negativa $= a_{-2} =$

121 Ache a primeira determinação positiva (a_0) dos seguintes arcos:

a) $a = -210°$

$a_0 = 360° - |-210°|$

$a_0 = 360° - 210° = 150°$

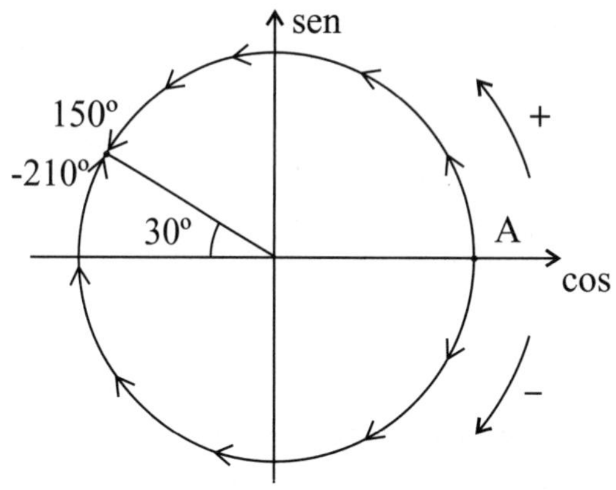

b) $a = -470°$

c) $a = 1215°$

d) $a = -1050°$

Resp: **119** a) $2(\cos\frac{11\pi}{6} + i\ \text{sen}\ \frac{11\pi}{6}) = \sqrt{3} - i$

b) $32(\cos\frac{5\pi}{6} + i\,\text{sen}\frac{5\pi}{6}) = -16\sqrt{3} + 16i$

c) $8(\cos\frac{2\pi}{3} + i\,\text{sen}\frac{2\pi}{3}) = -4 + 4\sqrt{3}i$

d) $1(\cos\frac{4\pi}{3} + i\,\text{sen}\frac{4\pi}{3}) = -\frac{1}{2} - i\frac{\sqrt{3}}{2}$

e) $2(\cos\frac{5\pi}{6} + i\,\text{sen}\frac{5\pi}{6}) = -\sqrt{3} + i$

f) $2(\cos\frac{\pi}{3} + i\,\text{sen}\frac{\pi}{3}) = 1 + i\sqrt{3}$

86 (FEI - 73) Dê o valor de $\left(\frac{1+i}{1-i}\right)^n$ onde $n = 4k + 1$ e $k \in Z$.

87 Determine todos os valores que pode assumir a expressão $\frac{(1+i)^n}{(1-i)^{n-2}}$, quando **n** varia no conjunto Z dos números inteiros.

88 (FAU/USP - 65) Determine $z \in C$ de modo que os afixos de **z**, **i** e **iz** formem um triângulo equilátero.

Resp: 83 $(x, y) = (2, -1)$ ou $(x, y) = (-2, -1)$ 84 $y = 0$ ou $y = -x$ 85 $1 - i$

119 Efetue o que se pede em cada item (θ em radianos e $0 \le \theta < 2\pi$) e, a seguir, passe a resposta para a forma algébrica:

a) $\left[6(\cos\frac{5\pi}{12} + i\,\text{sen}\,\frac{5\pi}{12})\right].\left[\frac{1}{3}(\cos\frac{17\pi}{12} + i\,\text{sen}\,\frac{17\pi}{12}\right] =$

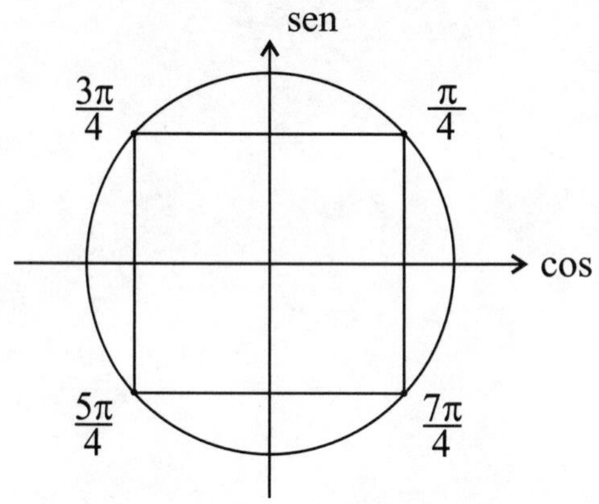

b) $\left[2\,(\cos\frac{\pi}{6} + i\,\text{sen}\,\frac{\pi}{6})\right]^5 =$

c) $\left[2(\cos\frac{3\pi}{2} + i\,\text{sen}\,\frac{3\pi}{2})\right]:\left[\frac{1}{4}(\cos\frac{5\pi}{6} + i\,\text{sen}\,\frac{5\pi}{6})\right] =$

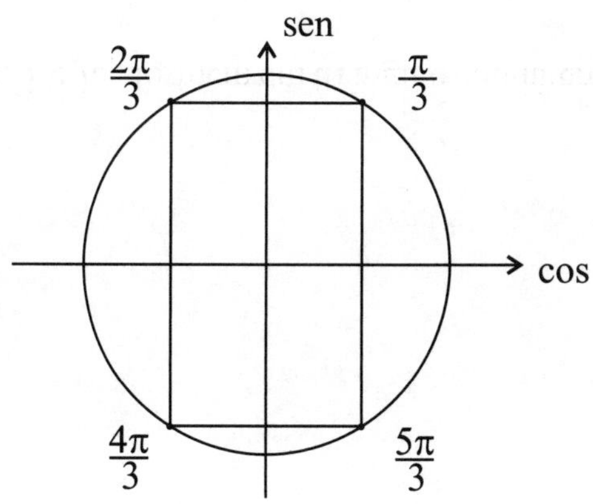

d) $(\cos\pi + i\,\text{sen}\,\pi) : (\cos\frac{5\pi}{3} + i\,\text{sen}\,\frac{5\pi}{3}) =$

e) $\left[6(\cos\frac{\pi}{12} + i\,\text{sen}\,\frac{\pi}{12})\right]:\left[3(\cos\frac{5\pi}{4} + i\,\text{sen}\,\frac{5\pi}{4})\right] =$

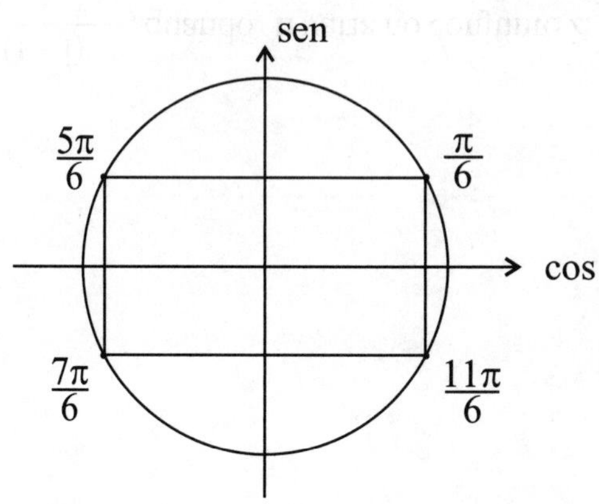

f) $(1 - i)\left[\sqrt{2}\,(\cos\frac{7\pi}{12} + i\,\text{sen}\,\frac{7\pi}{12})\right] =$

Resp: **118** a) $6(\cos 210° + i\,\text{sen}\,210°) = -3\sqrt{3} - 3i$

b) $3\,(\cos 0° + i\,\text{sen}\,0°) = 3$

c) $\frac{1}{2}(\cos 90° + i\,\text{sen}\,90°) = \frac{i}{2}$

d) $\frac{3}{2}(\cos 330° + i\,\text{sen}330°) = \frac{3\sqrt{3}}{4} - \frac{3}{4}i$

e) $6(\cos 150° + i\,\text{sen}150°) = -3\sqrt{3} + 3i$

f) $4(\cos 240° + i\,\text{sen}\,240°) = -2 - 2\sqrt{3}i$

g) $27(\cos 270° + i\,\text{sen}\,270°) = -27i$

h) $1(\cos 120° + i\,\text{sen}\,120°) = -\frac{1}{2} + i\frac{\sqrt{3}}{2}$

89 (MAPOFEI - 72)

a) Calcular a parte real **u** e o coficiente **v** da parte imaginária do número complexo $w = 1 - \frac{1}{z}$, onde $z = x + yi$ $(x, y \in \mathbf{R})$.

b) Se P é o afixo de z e Q é o afixo de w, qual é o conjunto dos pontos Q quando P descreve a reta y = x excluindo o ponto (0, 0)?

90 (POLI - 62) Sendo $\mathbf{a} = \binom{n}{0} - \binom{n}{2} + \binom{n}{4} - \binom{n}{6} + \ldots$ e $\mathbf{b} = \binom{n}{1} - \binom{n}{3} + \binom{n}{5} - \binom{n}{7} + \ldots$, calcular o valor de $a^2 + b^2$ a partir de $(1 + i)^n$ e $n \in N^*$,

Observação: $\binom{n}{p}$ é o binomial de classe **p** do número **n**.

Resp: 86 i 87 $\{\pm 2i, \pm 2\}$ 88 $z = \frac{-1+\sqrt{3}}{2} + \frac{-1+\sqrt{3}}{2}i$ ou $z = \frac{-1-\sqrt{3}}{2} + \frac{-1-\sqrt{3}}{2}i$

118 Efetue na forma trigonométrica (θ em graus e $0^\circ \leq \theta < 360^\circ$) o que se pede em cada item e, a seguir, passe o resultado para a forma algébrica.

São dados : $z_1 = 2\,(\cos 120^\circ + i \operatorname{sen} 120^\circ)$

$z_2 = 3\,(\cos 90^\circ + i \operatorname{sen} 90^\circ)$

$z_3 = \cos 210^\circ + i \operatorname{sen} 210^\circ$

$z_4 = \dfrac{1}{2}\,[\cos(-60^\circ) + i \operatorname{sen}(-60^\circ)]$

a) $z_1 . z_2 =$

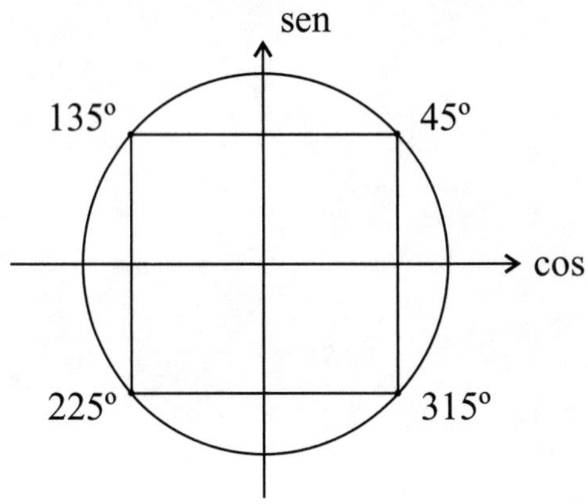

b) $z_1 . z_2 . z_3 . z_4 =$

c) $\dfrac{z_3}{z_1} =$

d) $\dfrac{z_2}{z_1} =$

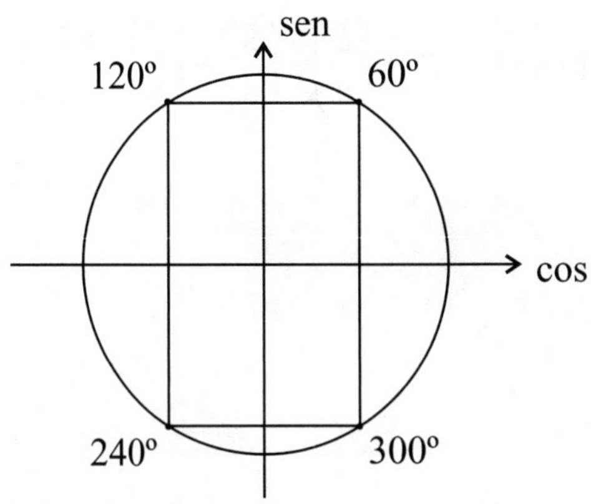

e) $\dfrac{z_2}{z_4} =$

f) $(z_1)^2 =$

g) $(z_2)^3 =$

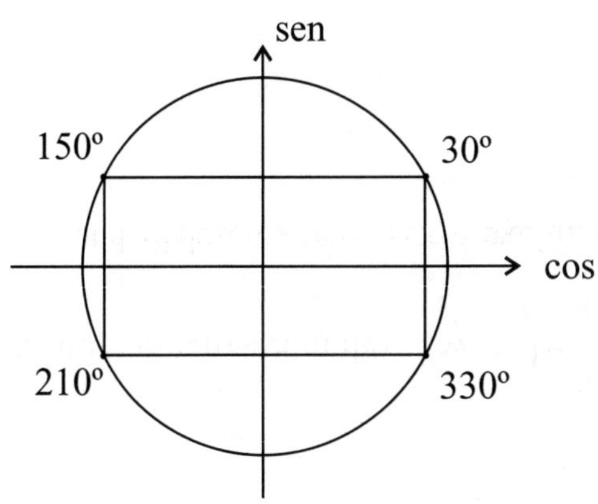

h) $(z_3)^4 =$

91 (IME/USP - 69) O módulo do número complexo $z = \frac{1}{1 + i\,tgx}$ $(x \neq \frac{\pi}{2} + k\pi$, k inteiro) é:

a) cos x b) sen x c) $\frac{1}{1 + tg^2 x}$ d) sec x e) n.r.a.

Observação: n.r.a. = nenhuma resposta anterior.

92 (MACK - 69) Se **u** e **v** são números complexos, a igualdade $|u + v| = |u| + |v|$

a) é sempre verdadeira.
b) só é verdadeira se uv = 0.
c) só é verdadeira se u = v.
d) é sempre falsa.
e) nenhuma das anteriores é correta.

93 (IME/USP - 69) Se z e w são dois números complexos quaisquer tais que $|z| = |w| = 1$ e $1 + zw \neq 0$, então o número $\frac{z + w}{1 + zw}$ é:

a) de valor absoluto 1.
b) imaginário puro.
c) não real.
d) real.
e) n.r.a.

Resp: 89 a) $Re(w) = u = 1 - \frac{x}{x^2 + y^2}$, $Im(w) = v = \frac{y}{x^2 + y^2}$

b) Q descreve a reta $u + v - 1 = 0$ excluindo o ponto (1,0)

90 2^n

Multiplicação, divisão e potenciação forma trigonométrica

Dados dois números complexos na forma trigonométrica

$\mathbf{z_1 = |z_1|(\cos\theta_1 + i\,sen\,\theta_1)}$ e $\mathbf{z_2 = |z_2|(\cos\theta_2 + i\,sen\,\theta_2)}$, efetuemos $\mathbf{z_1 . z_2}$, $\mathbf{\dfrac{z_1}{z_2}}$ e $\mathbf{z^n}$ $\mathbf{(n \in N^*)}$:

$$z_1 . z_2 = \{|z_1|(\cos\theta_1 + i\,sen\,\theta_1)\}\ \{|z_2|(\cos\theta_2 + i\,sen\,\theta_2)\}$$

$$z_1 . z_2 = |z_1| . |z_2| . (\cos\theta_1 + i\,sen\,\theta_1)(\cos\theta_2 + i\,sen\,\theta_2)$$

$z_1 . z_2$

"multiplicar os módulos e somar os argumentos"

$$\frac{z_1}{z_2} = \frac{|z_1|(\cos\theta_1 + i\,sen\,\theta_1)}{|z_2|(\cos\theta_2 + i\,sen\,\theta_2)} . \frac{(\cos\theta_2 - i\,sen\,\theta_2)}{(\cos\theta_2 - i\,sen\,\theta_2)} \ = \ \frac{z_1}{z_2} = \frac{|z_1|(\cos\theta_1 + i\,sen\,\theta_1) . (\cos\theta_2 - i\,sen\,\theta_2)}{|z_2| \qquad (\cos^2\theta_2 - i^2 sen^2\theta_2)} =$$

$\dfrac{z_1}{z_2} =$

" dividir os módulos e subtrair os argumentos"

Para $n \in N^*$: $z^n = z . z . z . \ldots . z$ (n fatores)

$z^n =$

"elevar o módulo e multiplicar o argumento"

Resp: 116 a) $2 + 2\sqrt{3}i$ b) $-\dfrac{\sqrt{2}}{2} - \dfrac{\sqrt{2}}{2}i$ c) 7 d) $\sqrt{3} - i$ e) i

117 a) $1\left(\cos\dfrac{2\pi}{3} + i\,sen\,\dfrac{2\pi}{3}\right)$ b) -3 c) $-\dfrac{1}{2} - i\dfrac{\sqrt{3}}{2}$ d) $4\left(\cos\dfrac{\pi}{4} + i\,sen\,\dfrac{\pi}{4}\right)$ e) $-\sqrt{3} + i$ f) $2\left(\cos\dfrac{\pi}{6} + i\,sen\,\dfrac{\pi}{6}\right)$

94 (ITA - 76) Suponhamos que $\mathbf{z_1 = a + xi}$ e $\mathbf{z_2 = a + yi}$, $a \neq 0, x \neq 0$, são dois números complexos tais que $z_1 \cdot z_2 = 2$.
Então temos:

a) $z_1 = \overline{z_2}$ e $|z_1| = |z_2| = 2$
b) $z_1 = z_2$ e $|z_1| = |z_2| = \sqrt{2}$
c) $z_1 = z_1 = \overline{z_2}$ e $|z_1| = |z_2| = \sqrt{2}$
d) $z_1 + z_2 = 2a$ e $a^2 + y^2 = 4$
e) n.r.a.

95 (ITA - 75) Se $\mathbf{z_1}$ e $\mathbf{z_2}$ são números complexos, $z_1 + z_2$ e $z_1 . z_2$ são ambos reais, então podemos afirmar que:

a) z_1 e z_2 são ambos reais ou $z_1 = \overline{z_2}$.
b) z_1 e z_2 são números complexos não reais.
c) z_1 e z_2 são números reais irracionais.
d) z_1 é um número complexo puro e z_2 é um número real.
e) n.r.a.

Resp: 91 e, pois $|z| = |\cos x|$

93 d

92 e, pois u e v devem ser números tais que seus afixos P e Q pertençam à mesma semi-reta de origem O no Plano de Gauss.

116 Passe o número complexo $z = |z|(\cos\theta + i\,\text{sen}\,\theta)$ (forma trigonométrica) para a forma algébrica:

a) $z = 4\left(\cos\frac{\pi}{3} + i\,\text{sen}\,\frac{\pi}{3}\right) =$

b) $z = \cos\frac{5\pi}{4} + i\,\text{sen}\,\frac{5\pi}{4} =$

c) $z = 7\,(\cos 0 + i\,\text{sen}\,0) =$

d) $z = 2\left[\cos\left(-\frac{\pi}{6}\right) + i\,\text{sen}\left(-\frac{\pi}{6}\right)\right] =$

e) $z = \cos\left(-\frac{3\pi}{2}\right) + i\,\text{sen}\left(-\frac{3\pi}{2}\right) =$

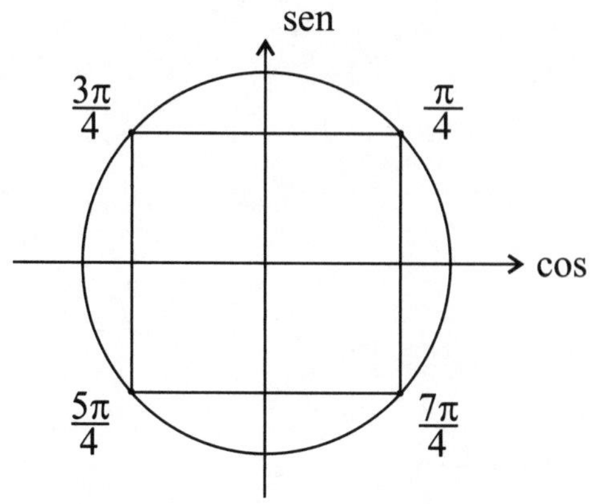

117 "Mude de forma"

forma algébrica ⟷ forma trigonométrica

a) $z = -\frac{1}{2} + i\frac{\sqrt{3}}{2} =$

b) $z = 3\,(\cos 180^\circ + i\,\text{sen}\,180^\circ) =$

c) $z = \cos\left(-\frac{2\pi}{3}\right) + i\,\text{sen}\left(-\frac{2\pi}{3}\right) =$

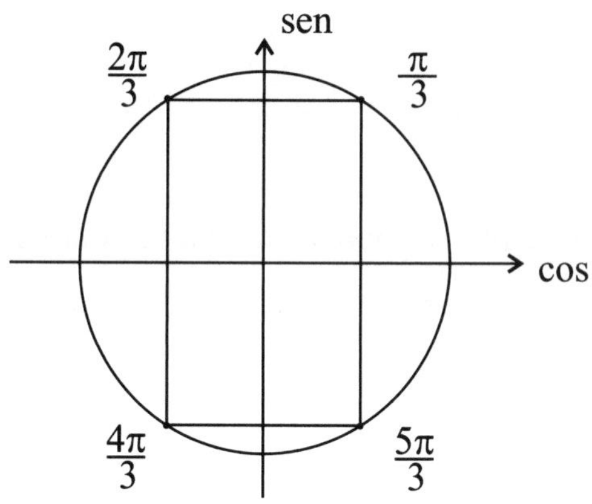

d) $z = 2\sqrt{2}(1 + i) =$

e) $z = 2\,(\cos 510^\circ + i\,\text{sen}\,510^\circ) =$

f) $z = \sqrt{3} + i =$

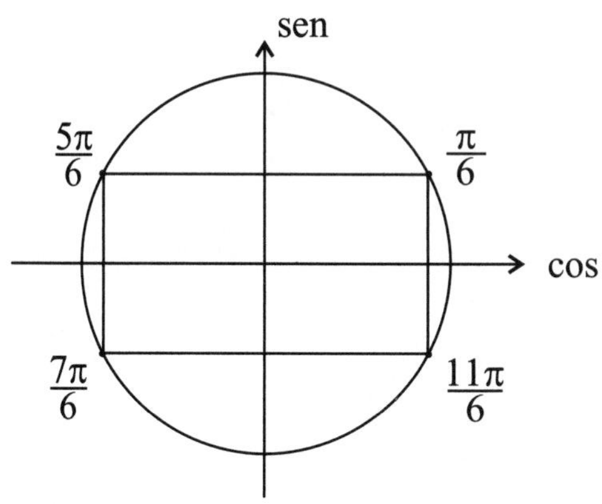

Resp: **115** a) $2\left(\cos\frac{\pi}{2} + i\,\text{sen}\,\frac{\pi}{2}\right)$ b) $3\,(\cos 0 + i\,\text{sen}\,0)$ c) $4\,(\cos\pi + i\,\text{sen}\,\pi)$ d) $1\left(\cos\frac{3\pi}{2} + i\,\text{sen}\,\frac{3\pi}{2}\right)$

e) $1\left(\cos\frac{\pi}{2} + i\,\text{sen}\,\frac{\pi}{2}\right)$ f) $12\,(\cos\pi + i\,\text{sen}\pi)$ g) $\pi\left(\cos\frac{3\pi}{2} + i\,\text{sen}\,\frac{3\pi}{2}\right)$ h) $(1+\sqrt{2})(\cos 0 + i\,\text{sen}\,0)$

i) $\frac{2}{3}(\cos 0 + i\,\text{sen}\,0)$ j) $\frac{1}{2}\left(\cos\frac{3\pi}{2} + i\,\text{sen}\,\frac{3\pi}{2}\right)$ k) $z = 0$ não admite forma trigonométrica

96 (PUC - 82) Quantos são os números complexos z que satisfazem às condições $z^4 = 1$ e $z + \bar{z} = 0$? ($\bar{z}$ = conjugado de z).

a) 0 b) 1 c) 2 d) 3 e)4

97 (POLI - 67) Determinar o primeiro termo de uma progressão geométrica com 4n + 2 termos cuja razão é **i** e cujo último termo é **1 + i** (**n** natural e **i** é a unidade imaginária).

a) 1 + i
b) 2 + i
c) 4 + i
d) depende de n
e) n.r.a.

98 (CESCEM - 68) Os valores de **a** e **b** (a, b $\in \mathbb{R}$) tais que o número complexo **z = 3 + 2i** possa ser escrito na forma **z = a + bt** onde **t = 2 – 3i**, são respectivamente:

a) $\frac{5}{3}$ e $\frac{2}{3}$
b) $\frac{5}{3}$ e $-\frac{2}{3}$
c) $\frac{13}{3}$ e $-\frac{2}{3}$
d) $\frac{13}{3}$ e $\frac{3}{2}$
e) $\frac{13}{3i}$ e $\frac{2}{3i}$

Resp: 94 c 95 a

115 Para passar um número complexo **z** da forma algébrica para a forma trigonométrica, é necessário determinar $|\mathbf{z}| = \mathbf{d_{OP}}$ (módulo de z) e $\boldsymbol{\theta}$ (argumento de z).
Nos itens deste exercício (casos particulares) essa operação é muito simples pois os "**vetores OP**" são sempre "**verticais**" ou "**horizontais**". Por esse motivo, basta observar a figura e (após determinar $|z|$ e θ mentalmente) escrever **z** na forma trigonométrica (reveja os exercícios 7 e 8).

a) $z = 2i = (0, 2) = 2\left(\cos\frac{\pi}{2} + i\,\text{sen}\,\frac{\pi}{2}\right)$
(vertical para cima)

b) $z = 3 = (3, 0) =$
(horizontal para a direita)

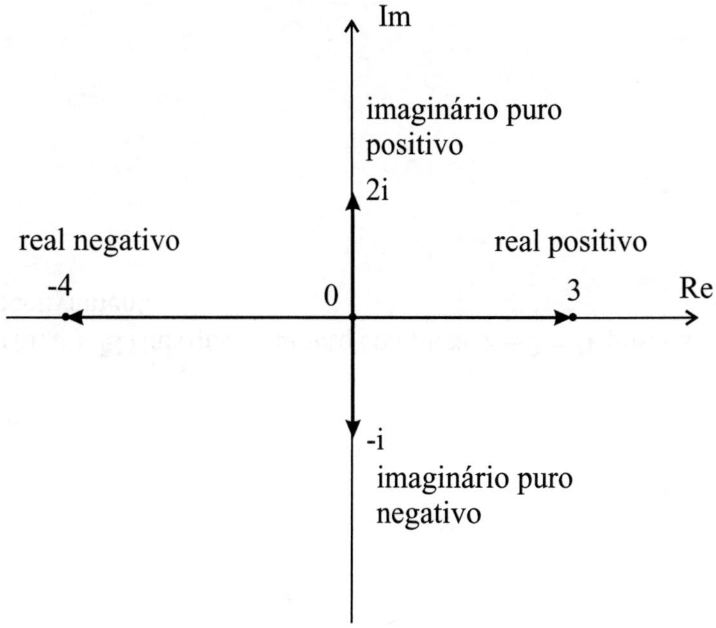

c) $z = -4 =$
(horizontal para a esquerda)

d) $z = -i =$
(vertical para baixo)

e) $z = i =$

f) $z = -12 =$

g) $z = -\pi i =$

h) $z = 1 + \sqrt{2} =$

i) $z = \frac{2}{3} =$

j) $z = -\frac{i}{2} =$

k) $z = 0 =$

Resp: **114** a) $2\left(\cos\frac{5\pi}{3} + i\,\text{sen}\,\frac{5\pi}{3}\right)$ b) $2\left(\cos\frac{3\pi}{4} + i\,\text{sen}\,\frac{3\pi}{4}\right)$ c) $1\left(\cos\frac{7\pi}{6} + i\,\text{sen}\,\frac{7\pi}{6}\right)$
d) $3\left(\cos\frac{3\pi}{2} + i\,\text{sen}\,\frac{3\pi}{2}\right)$ e) $\sqrt{2}\left(\cos\frac{7\pi}{4} + i\,\text{sen}\,\frac{7\pi}{4}\right)$

99 (MACK - 75) Seja $t = 2 + 3i$ um número complexo.

Se $A = \{z \in C \mid |z - t| \leq 1\}$ e $B = \{ z \in C \mid z = a + bi \ (a, b \in \mathbb{R}) \text{ e } b < 3 \}$

então no Plano de Argand - Gauss, $A \cap B$ é:

a) um conjunto - vazio.

b) uma semi-circunferência.

c) um semi-círculo.

d) uma circunferência.

e) um círculo.

100 (POLI - 67) Sejam u e v dois números complexos tais que $u^2 - v^2 = 6$ e $\bar{u} + \bar{v} = 1 - i$. Então $u - v$ é igual a:

a) $1 - i$

b) $1 + i$

c) $3 - 3i$

d) $3 + 3i$

e) n.r.a

101 Determine o 8º termo de uma progressão geométrica com primeiro termo $a_1 = \frac{1}{1}$ e razão $q = 1 + i$.

Resp: 96 c   97 e, pois $a_1 = 1 - i$ 98 c

114 Passe, em cada item, o número complexo **z = a + bi** (forma algébrica) para a forma trigonométrica:

Observação: trabalharemos com **θ em radianos** e **0 ≤ θ < 2π** a não ser que o texto especifique algo em contrário.

a) $z = 1 - i\sqrt{3} \Rightarrow \begin{cases} a = 1 \\ b = -\sqrt{3} \end{cases} \Rightarrow |z| = \sqrt{a^2 + b^2} =$

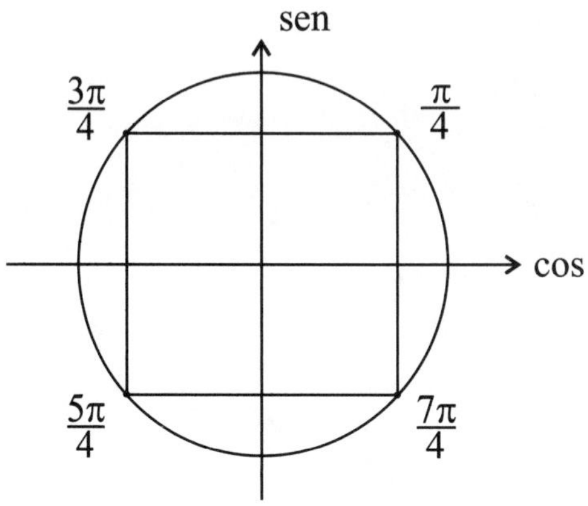

$$\left.\begin{array}{l} \cos\theta = \frac{a}{|z|} = \\ \text{sen}\,\theta = \frac{b}{|z|} = \end{array}\right\} \Rightarrow \theta =$$

$z = 1 - i\sqrt{3} =$

b) $z = -\sqrt{2} + i\sqrt{2}$

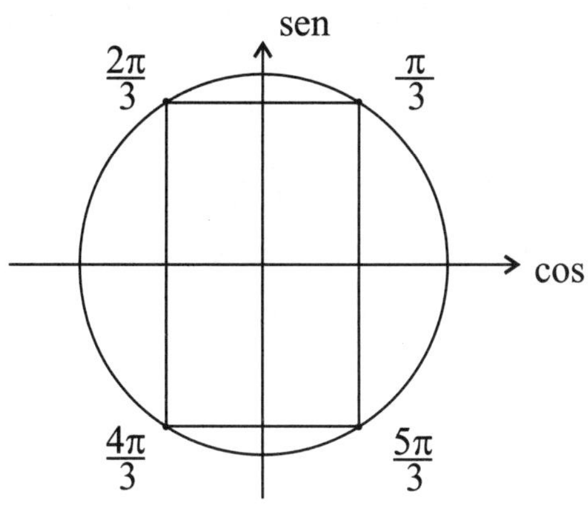

c) $z = -\frac{\sqrt{3}}{2} - \frac{1}{2}i$

d) $z = -3i$

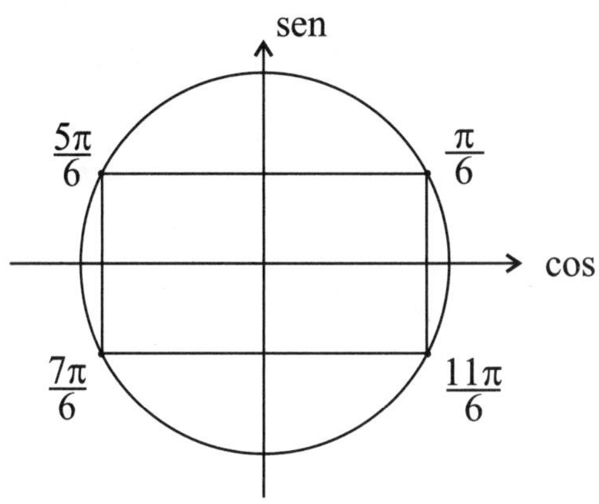

e) $z = 1 - i$

Resp: 113 a) $x = \frac{\pi}{3}$ ou $x = \frac{5\pi}{3}$ b) $x = \frac{4\pi}{3}$ ou $x = \frac{5\pi}{3}$ c) $x = 0$ ou $x = \pi$ d) $x = \frac{3\pi}{4}$ ou $x = \frac{5\pi}{4}$

e) $x = \pi$ f) $x = \frac{11\pi}{6}$ g) $x = \frac{2\pi}{3}$ h) $x = \frac{3\pi}{2}$

102 Mostre que se $\mathbf{z_1, z_2, z_3} \in \mathbf{C}$, $|\mathbf{z_1}| = |\mathbf{z_2}| = |\mathbf{z_3}| = \mathbf{1}$ e $\mathbf{z_1 + z_2 + z_3 = 0}$ então os afixos de z_1, z_2 e z_3 formam um triângulo equilátero. Determine a medida do lado desse triângulo.

103 (ITA - 78) Sendo **z** um número complexo tal que $z + \frac{1}{z}$ é um número real, mostre que $\mathbf{Im(z) = 0}$ ou $|\mathbf{z}| = \mathbf{1}$.

Resp: 99 c   100 c   101 $a_8 = -8 - 8i$

113 Apenas observando a figura, determine $\mathbf{x}$ $(\mathbf{0 \le x < 2\pi})$ em cada caso:

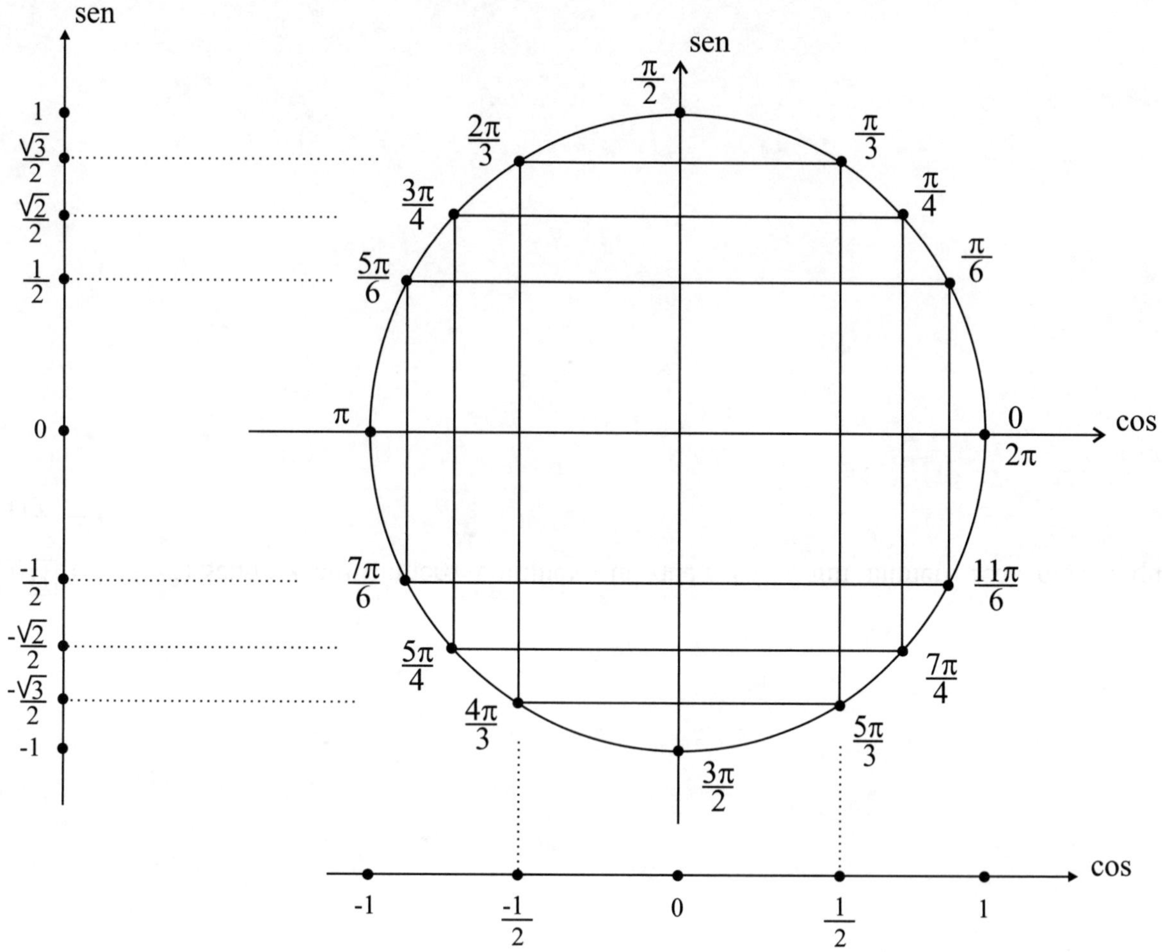

a) $\cos x = \frac{1}{2}$

b) $\text{sen } x = -\frac{\sqrt{3}}{2}$

c) $\text{sen } x = 0$

d) $\cos x = -\frac{\sqrt{2}}{2}$

e) $\cos x = -1$

f) $\cos x = \frac{\sqrt{3}}{2}$ **e** $\text{sen } x = -\frac{1}{2}$

g) $\cos x = -\frac{1}{2}$ **e** $\text{sen } x = \frac{\sqrt{3}}{2}$

h) $\cos x = 0$ **e** $\text{sen } x = -1$

Resp: **111** $x = \frac{\sqrt{3}}{2}$ e $y = \frac{1}{2}$ **112** a) $\text{sen}\frac{\pi}{6} = \frac{1}{2}$ e $\cos\frac{\pi}{6} = \frac{\sqrt{3}}{2}$

b) $\cos\frac{5\pi}{6} = \cos\frac{7\pi}{6} = -\frac{\sqrt{3}}{2}$, $\cos\frac{11\pi}{6} = \frac{\sqrt{3}}{2}$ $\text{sen}\frac{5\pi}{6} = \frac{1}{2}$, $\text{sen}\frac{7\pi}{6} = \text{sen}\frac{11\pi}{6} = -\frac{1}{2}$

104 (ITA - 78) Mostre que o lugar geométrico dos afixos dos números $\mathbf{z = x + yi}$ (x, y $\in$ **R**) tais que $\mathbf{z\,\overline{z} - z_0\,\overline{z} - \overline{z}_0\,z + k = 0}$ onde k é um número real positivo e $|\,\mathbf{z_0}\,|^2 > \mathbf{k}$, é uma circunferência com centro em $\mathbf{z_0}$.

105 (ITA - 52) Provar que todo número complexo diferente de 1 e com módulo unitário pode ser escrito na forma $\frac{a+i}{a-i}$, a $\in$ **R**.

Resp: 102 $\ell = \sqrt{3}$ 103 demonstração

111 Observando a figura do exercício 109,determine med(AD) = x e med(AB) = y no retângulo ABCD da figura:

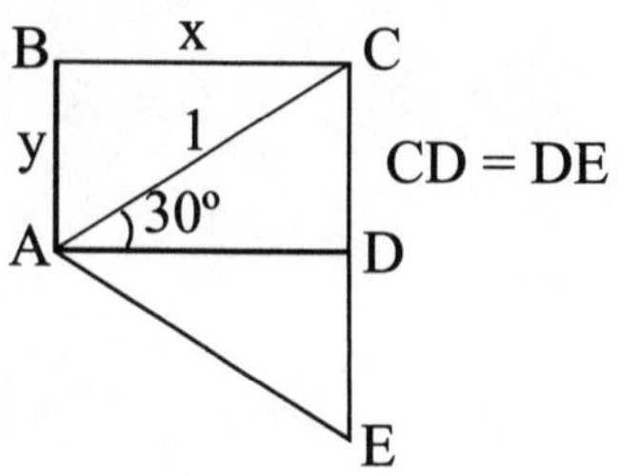

x =

y =

112 Utilizando os resultados acima, determine os senos e cossenos pedidos:

a)

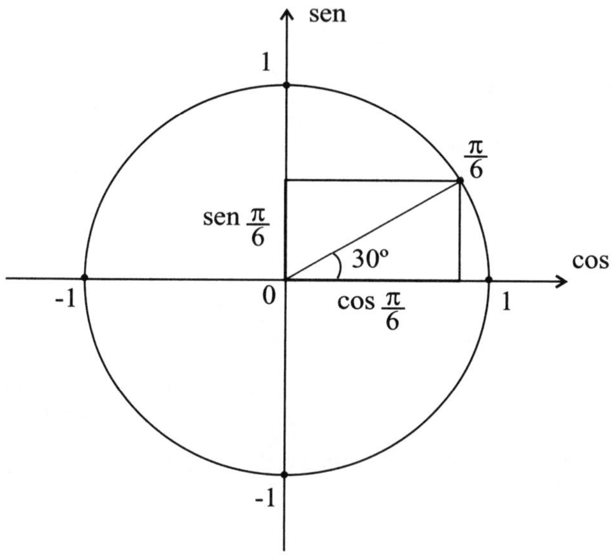

$\text{sen}\frac{\pi}{6} =$

$\cos\frac{\pi}{6} =$

b)

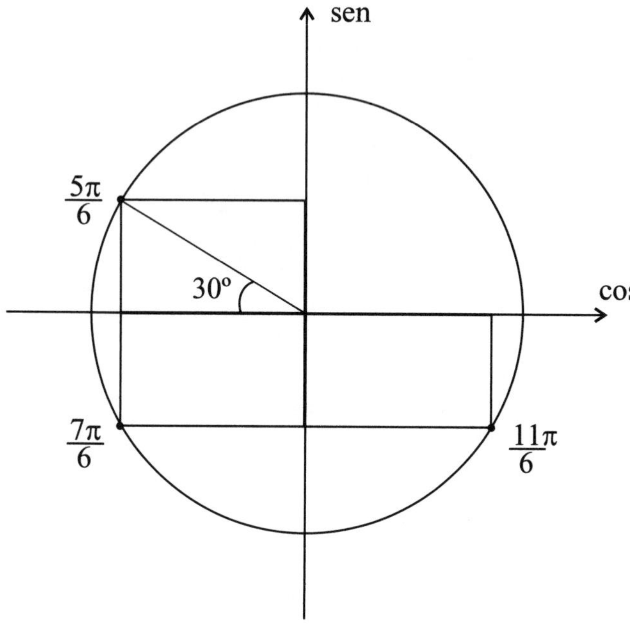

$\cos\frac{5\pi}{6} =$ $\qquad$ $\text{sen}\frac{5\pi}{6} =$

$\cos\frac{7\pi}{6} =$ $\qquad$ $\text{sen}\frac{7\pi}{6} =$

$\cos\frac{11\pi}{6} =$ $\qquad$ $\text{sen}\frac{11\pi}{6} =$

Resp: **109** $x = \frac{1}{2}, y = \frac{\sqrt{3}}{2}$ $\qquad$ **110** a) $\cos\frac{\pi}{3} = \frac{1}{2}, \text{sen}\frac{\pi}{3} = \frac{\sqrt{3}}{2}$

b) $\cos\frac{2\pi}{3} = \cos\frac{4\pi}{3} = \frac{1}{2}$ $\quad \cos\frac{5\pi}{3} = \frac{1}{2}$ $\quad \text{sen}\frac{4\pi}{3} = \text{sen}\frac{5\pi}{3} = -\frac{\sqrt{3}}{2}$ $\quad \text{sen}\frac{2\pi}{3} = \frac{\sqrt{3}}{2}$

Forma polar ou trigonométrica de $z \in C^*$

1) $\mathbf{z = a + bi}$ $(a, b \in \mathbf{R}) \rightarrow$ forma algébrica de z
$P = (a, b) \rightarrow$ afixo de z

$d_{OP} = |z| = \sqrt{a^2 + b^2}$ = módulo de z ($|z| \neq 0$ pois $z \neq 0$)

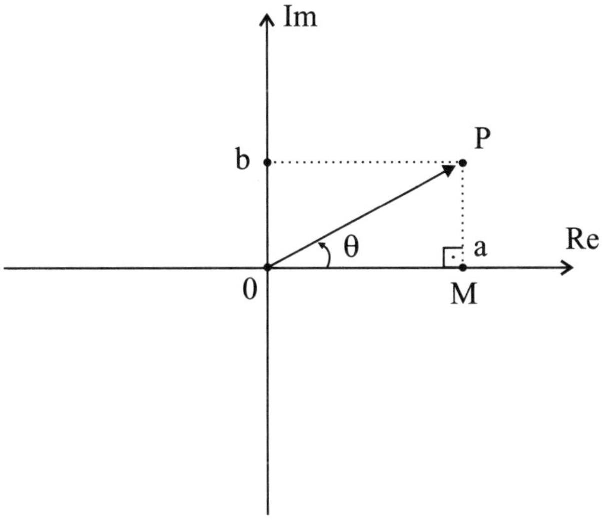

$\mathbf{arg(z) = \theta + k.\,2\pi}$ = argumento de z $(k \in Z)$
$\boldsymbol{\theta}$ = argumento principal de z $(\mathbf{0 \leq \theta < 2\pi})$

No triângulo retângulo OMP, temos:

$$\begin{cases} \cos\theta = \dfrac{a}{|z|} \Rightarrow a = |z| \,.\, \cos\theta \\ \operatorname{sen}\theta = \dfrac{b}{|z|} \Rightarrow b = |z| \,.\, \operatorname{sen}\theta, \end{cases}$$ substituindo em (1):

$z = a + bi = |z| \cos\theta + i\,|z| \operatorname{sen}\theta$ e , portanto,

$$z = |z| \; (\cos\theta + i \operatorname{sen}\theta)$$ forma trigonométrica de $z \in C^*$

Observação: O número $z = 0$ não admite forma trigonométrica.

Resp: 104 circunferência de equação $(x - a)^2 + (y - b)^2 = |z_0|^2 - k$

centro = $(a, b) = z_0$, $|z_0|^2 = a^2 + b^2$ e $|z_0|^2 - k > 0$ 105 demonstração

109 Determine os valores de x e y no retângulo ABCD abaixo (o triângulo MBD é equilátero):

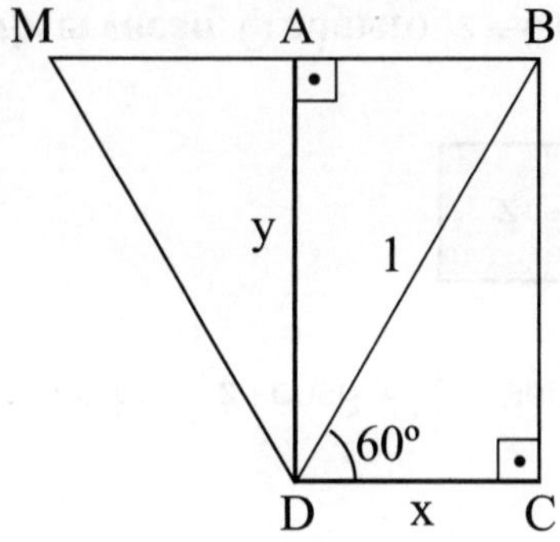

MA = AB

BD = 1

DC = x

DA = y

110 Determine os senos e cossenos pedidos em cada caso, usando os resultados do exercício acima:

a)

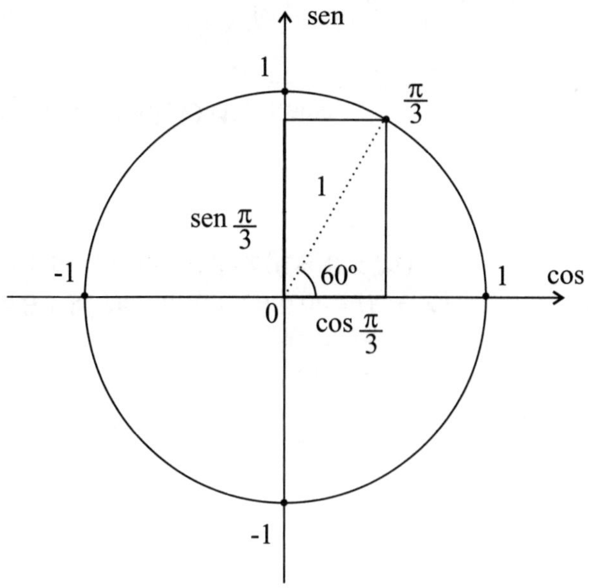

$\cos\frac{\pi}{3} =$

$\operatorname{sen}\frac{\pi}{3} =$

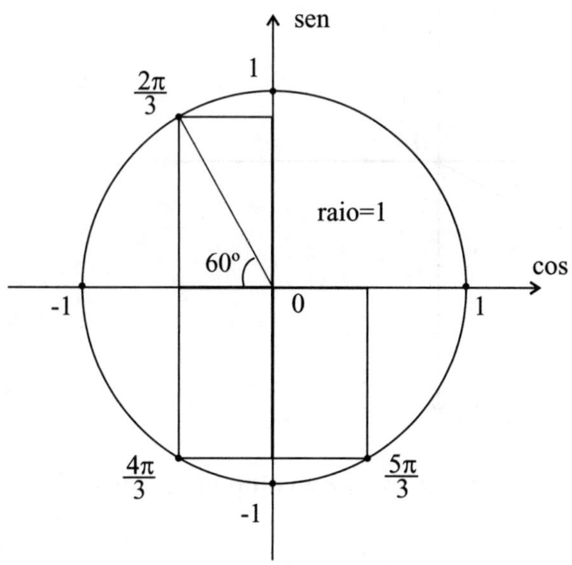

b)

$\cos\frac{2\pi}{3} =$ $\operatorname{sen}\frac{2\pi}{3} =$

$\cos\frac{4\pi}{3} =$ $\operatorname{sen}\frac{4\pi}{3} =$

$\cos\frac{5\pi}{3} =$ $\operatorname{sen}\frac{5\pi}{3} =$

Resp: **107** $x = \frac{\sqrt{2}}{2}$

108 a) $\cos\frac{\pi}{4} = \frac{\sqrt{2}}{2}$ $\operatorname{sen}\frac{\pi}{4} = \frac{\sqrt{2}}{2}$

b) $\cos\frac{3\pi}{4} = -\frac{\sqrt{2}}{2}$ $\cos\frac{5\pi}{4} = -\frac{\sqrt{2}}{2}$ $\cos\frac{7\pi}{4} = \frac{\sqrt{2}}{2}$

$\operatorname{sen}\frac{3\pi}{4} = \frac{\sqrt{2}}{2}$ $\operatorname{sen}\frac{5\pi}{4} = -\frac{\sqrt{2}}{2}$ $\operatorname{sen}\frac{7\pi}{4} = -\frac{\sqrt{2}}{2}$

106 Assinale, observando os ciclos trigonométricos abaixo, a medida de cada arco θ, em radianos (0 < θ < 2π) e em graus (0º ≤ θ < 360º)

a)

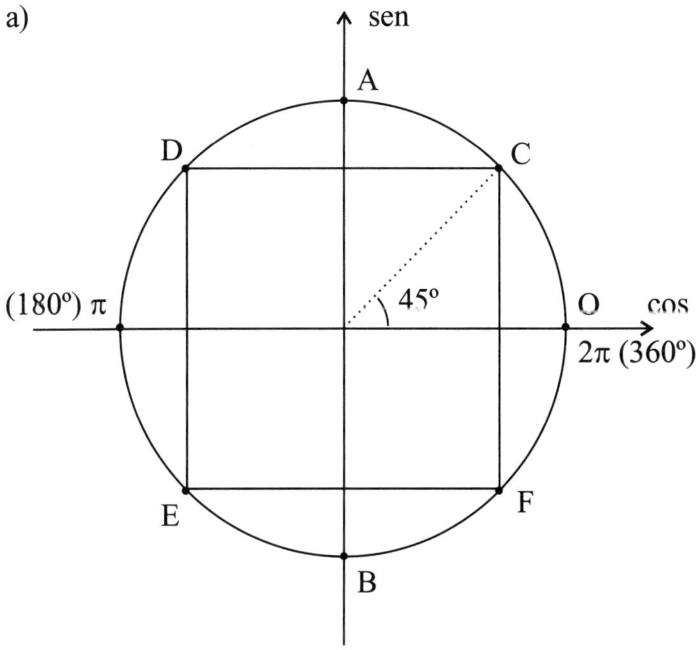

A → (90º)

B →

C →

D →

E →

F →

b)

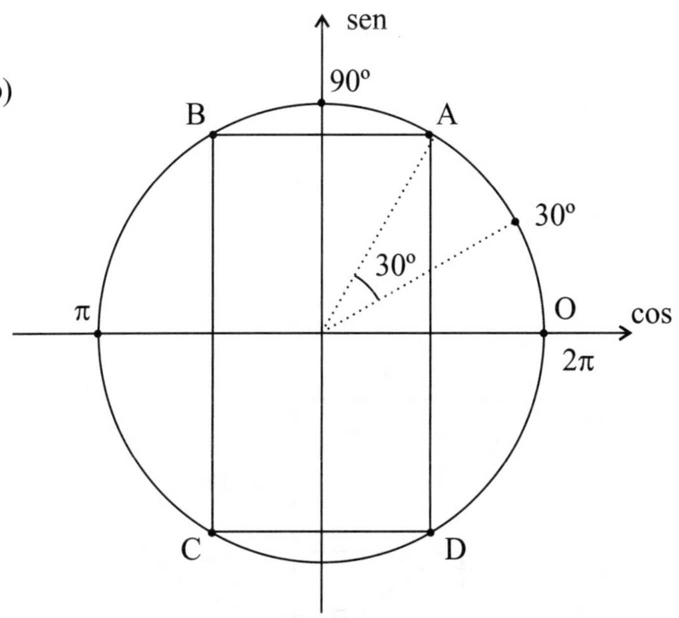

A →

B →

C →

D →

c)

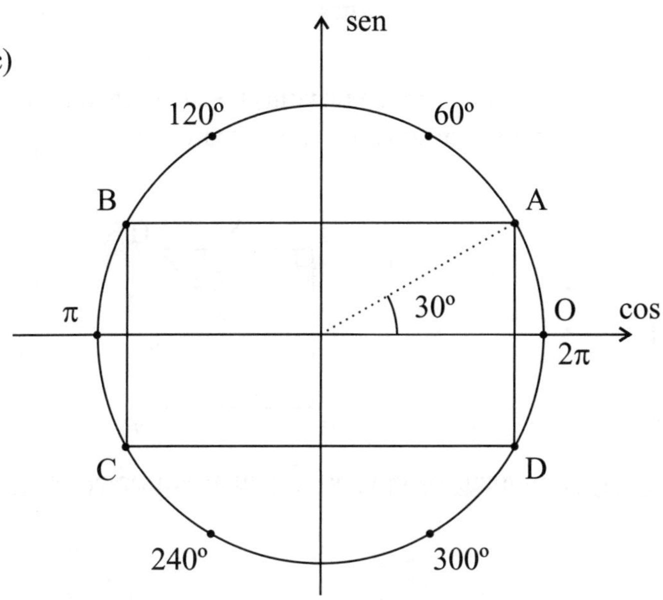

A →

B →

C →

D →

107 Determine a medida do lado do quadrado ABCD cuja diagonal mede 1:

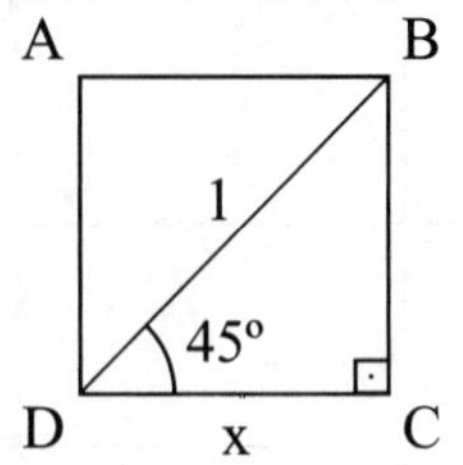

DB = 1

DC = x

108 Usando o resultado do exercício anterior determine o que se pede, lembrando que o raio do ciclo trigonométrico mede 1 (uma unidade):

a)

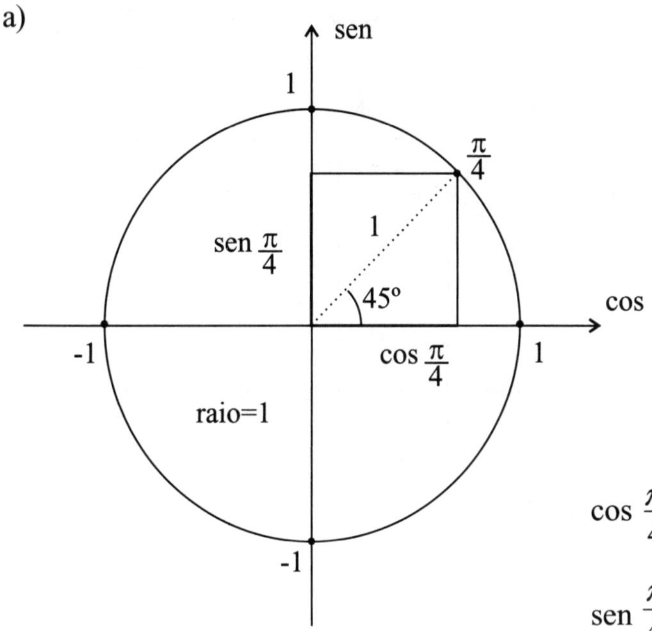

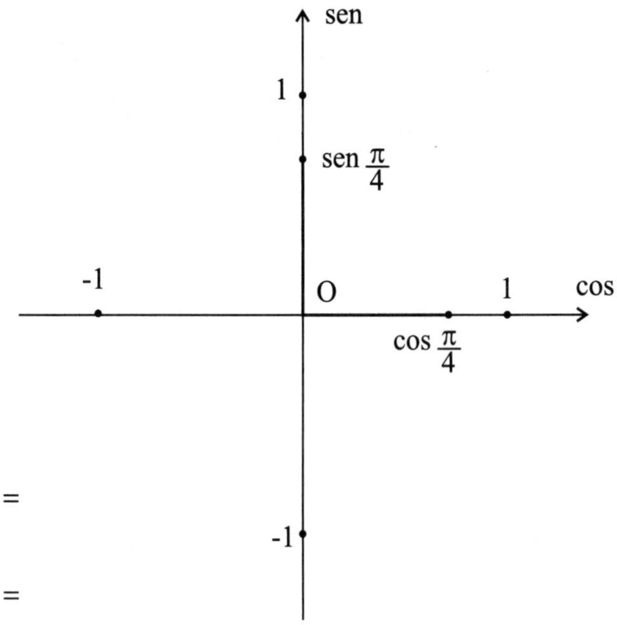

$\cos\dfrac{\pi}{4} =$

$\text{sen}\,\dfrac{\pi}{4} =$

b)

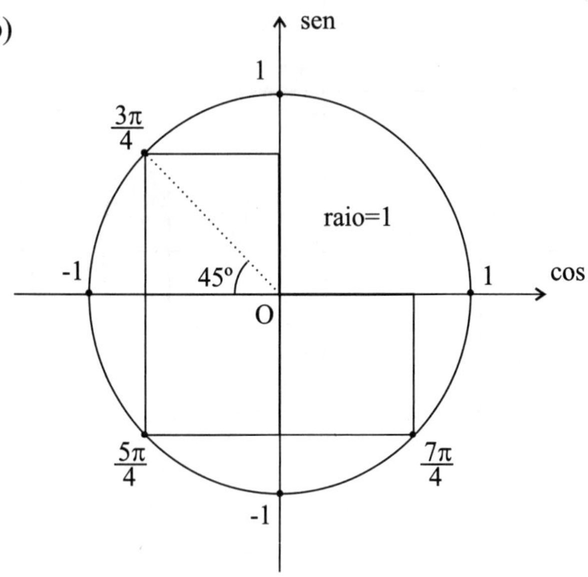

$\cos\dfrac{3\pi}{4} =$ $\text{sen}\,\dfrac{3\pi}{4} =$

$\cos\dfrac{5\pi}{4} =$ $\text{sen}\,\dfrac{5\pi}{4} =$

$\cos\dfrac{7\pi}{4} =$ $\text{sen}\,\dfrac{7\pi}{4} =$